Hamburger Edition
Institut für Sozialforschung

Robert Castel

Negative Diskriminierung

Jugendrevolten in den Pariser Banlieues

Aus dem Französischen
von Thomas Laugstien

Hamburger Edition

Hamburger Edition HIS Verlagsges. mbH
Mittelweg 36
20148 Hamburg
www.Hamburger-Edition.de

Titel der Originalausgabe: »La discrimination négative. Citoyens ou indigènes?«

Redaktion: Sigrid Weber
Umschlaggestaltung: Wilfried Gandras
Typografie und Herstellung: Jan und Elke Enns
Satz aus Stempel Garamond
von Dörlemann Satz, Lemförde
Druck und Bindung: CPI – Clausen & Bosse, Leck
Printed in Germany
ISBN 978-3-86854-201-1
1. Auflage Februar 2009

Ich danke Christine Colpin für ihre unersetzliche Mitarbeit
bei der Erstellung des Manuskripts

Inhalt

Einleitung 9

Die Konstruktion eines Abschiebungsraums 17

Von der »Strahlenden Stadt« zur Schlafstadt 18
Ethnisierung und Pauperisierung 21

Weder drinnen noch draußen 26

Noch keine Ghettos 27
Noch keine Ausgegrenzten 32

Die Ungleichbehandlung der ethnischen Minderheiten 37

Diskriminierung durch Polizei und Justiz 38
Diskriminierung in Beschäftigung und Beruf 41
Bildungsbarrieren 44
Stigmatisierung der Religionszugehörigkeit 48

Vom Rand ins Zentrum 54

Politische Illegitimität und soziale Disqualifizierung 54
Vom Nutzen der gefährlichen Klassen 60
Die Umkehrung des Stigmas 65

Staatsbürger oder »Eingeborene«? 69

Der Gefahrenpegel steigt 70
Das Stigma der Rasse 80
Kann es eine multikulturelle Republik geben? 89

Schluss 100

Anhang 105

Einleitung

Im Mai 2007 wurde das Amt des französischen Justizministers von einer 41-jährigen Frau übernommen, die als Tochter eines Arbeiters in der Provinz geboren und in einer algerisch-marokkanischen Einwandererfamilie mit zwölf Kindern aufgewachsen ist. Der idealtypische Fall, wie es scheint, für die Überwindung jener dreifachen Benachteiligung, die Geschlecht, soziale Herkunft und ethnische Zugehörigkeit normalerweise für den individuellen Aufstieg und die Zirkulation der Eliten bedeuten können. Zudem handelt es sich um kein beliebiges Ministerium, ist doch die Amtsinhaberin für das Funktionieren der Justiz und für die Einhaltung der Gesetze zuständig. All dies könnte also das Symbol eines Frankreich sein, das sich offen zeigt für Intelligenz, Zielstrebigkeit und Leistung – Fähigkeiten, die Madame Dati ganz ohne Zweifel besitzt. Das in Artikel 1 der Erklärung der Menschen- und Bürgerrechte formulierte Prinzip »Soziale Unterschiede dürfen nur im allgemeinen Nutzen begründet sein« hätte also faktische Gültigkeit.

Zur gleichen Zeit wird aber die Mehrzahl der Menschen, die dem sozialen Profil der Justizministerin entsprechen – insbesondere, was ihre ethnische Herkunft betrifft –, in die unteren Schichten der französischen Gesellschaft abgeschoben, die am härtesten von Arbeitslosigkeit, Beschäftigungsunsicherheit, Armut und schlechten Wohnverhältnissen betroffen sind und auch am stärksten unter fremdenfeindlichen oder rassistischen Angriffen leiden. Vor allem bei den »Vorstadtjugendlichen« – ein Begriff, bei dem man die Doppelbedeutung von Klassen- *und* Rassenzugehörigkeit mithören muss (sie kommen fast alle aus den unteren Schichten und sind sehr oft anderer ethnischer Herkunft als die einheimischen Franzosen) – häufen sich die sozialen Defizite: Schulversagen, fehlende Berufsperspektiven, der tägliche Überlebenskampf, der häufig in Prekarität mündet, in Betrügereien, in die Untergrundökonomie oder sogar in kriminelle Karrieren. Das ist die typische und genau entgegengesetzte Situation, die diese Jugendlichen nach verbreiteter Ansicht geradezu zu Symbolfiguren des gesellschaftlich Nutzlosen (in die wirtschaftliche Ordnung nicht integrierbar) und Gefährlichen (verantwortlich für die zunehmende Unsicherheit) macht. Wenn es in unserer Gesellschaft eine Gruppe gibt, die als total andersartig abgestempelt wird und alle Ängste und Aversionen auf sich zieht, dann dürften es diese »Vorstadtjugendlichen« sein.

Wir wollen diese zwei Symbole *gleichermaßen* ernst nehmen – Rachida Dati als Inkarnation der Verwirklichung republikanischer Prinzipien und die Vorstadtjugendlichen als Verkörperung der gefährlichen Asozialität von Menschen, denen unsere Werte und Lebensformen ganz und gar fremd sind. Wir müssen sie als doppelte Realität anerkennen – natürlich nicht um zu sagen, dass sie die objektive Situation der ethnischen Minderheiten in Frankreich repräsentieren, sondern um zu zeigen, dass sie die Widersprüchlichkeit der französischen Gesellschaft gegenüber der ethnischen Frage zum Ausdruck bringen: das Nebeneinander einer scheinbaren Annullierung der ethnischen Hypothek, die eine Vertreterin dieser Minderheiten an die Spitze des Staates gelangen lässt, und einer massiven Stigmatisierung, die eine große Gruppe von Menschen aufgrund derselben ethnischen Zugehörigkeit erfährt.

Wir müssen anerkennen, wie wichtig es ist, dass Madame Dati die Position einnimmt, die sie jetzt hat, ohne das damit verbundene Problem zu verwischen, dass sie vielleicht nur der Baum ist, der den Wald der Diskriminierung verdeckt – was ebenfalls richtig ist, aber auf einer anderen Ebene. Auch wenn diese Nominierung politischem Kalkül gehorcht, wurde Rachida Dati nicht einfach instrumentalisiert. Sie ist für diese Position voll und ganz legitimiert, autorisiert und qualifiziert. Sie zeigt, dass eine solche Karriere nicht nur möglich ist, sondern real, dass Frankreich nicht nur ein Land von Kasten, Ständen und Statuspositionen ist, in dem ein Merkmal wie soziale Herkunft oder ethnische Zugehörigkeit zwangsläufig als Faktor der Ausgrenzung wirkt. Anders gesagt, das republikanische Prinzip der Gleichbehandlung aller Bürger ist durchaus in Kraft, auch wenn es nur in Ausnahmefällen zum Zuge kommt. Die Justizministerin ist aber auch kein absoluter Ausnahmefall, weil in der französischen Regierung noch zwei weitere, ebenso junge und begabte Frauen »mit Migrationshintergrund« vertreten sind. Auch in der Vorgängerregierung (ebenfalls einer rechten, was über den Kleinmut früherer Linksregierungen Bände spricht) gab es einen Minister maghrebinischer Herkunft. Überhaupt besteht, diesseits oder jenseits des politischen Geschäfts, die französische Bevölkerung »mit Migrationshintergrund« nicht ausschließlich aus sozialen Kellerkindern. Wenn auch in begrenzter Zahl, findet man in ihr Ärzte, Rechtsanwälte, Lehrer, Führungskräfte, mittlere Fachkräfte und Unternehmer – ein empirischer Beweis dafür, dass der republikanische Diskurs nicht nur ein Diskurs ist. Die von ihm verteidigten Prinzipien eröffnen ein Feld von Möglichkeiten für eine Gleichbehandlung der Bürger, die es in den gesellschaftlichen Formationen mit ihren erheblichen sozialen Unterschieden nicht gibt. Und manchmal werden diese Möglichkeiten auch realisiert.[1]

Wir dürfen also nicht Ross und Reiter verwechseln, wenn wir die Diskriminierungen anprangern. Das Problem stellt sich nicht deshalb, weil es keine Chancengleichheit gibt, sondern weil diese ganz im Gegenteil durchaus möglich und auch rechtlich garantiert ist. Diskriminierung ist skandalös, weil sie eine *Verweigerung von Rechten* ist, von verfassungsmäßigen Rechten, die im Prinzip gleichbedeutend sind mit der Ausübung der Staatsbürgerschaft. Man kann sie zwar als »abstrakt« und »formal« kritisieren, muss aber ihre Existenz und ihre Bedeutung anerkennen, weil wir uns ohne sie in einem anderen System der Gouvernementalität befänden. Die Frage der Diskriminierung stellt sich dann, wenn man nicht mehr davon ausgeht, dass *legitime* Unterschiede erblich begründet sind, wie etwa im Falle des Bürgers, der keine Adelsfunktionen bekleiden konnte: Er wurde nicht diskriminiert, sondern nur auf seine Stellung in einer Gesellschaftsstruktur verwiesen, in der jeder »seinen Rang einhalten« musste.

---

1 Ein Beispiel für diese faktisch mehr als begrenzten, aber gleichwohl realen Aufstiegsmöglichkeiten: Im Jahre 2005 hatten zehn von den mehr als siebenhundert Mitarbeitern der Ministerialbüros einen »Migrationshintergrund«, wobei fast alle kabylischer Herkunft waren. Freilich war keiner von ihnen schwarz, und es gab auch keinen Vertreter einer ethnischen Minderheit unter den Kabinettsmitgliedern im Élysée-Palast (Mustapha Kessous, »Beurs sous les lambris de la République«, in: *Le Monde,* 24. November 2005).

Die Größe der Republik lag im Bruch mit jenen Unterscheidungsmerkmalen, die in der Natur, in der Tradition oder in den Hierarchien begründet waren und dem Einzelnen von einer höheren Ordnung ein für alle Mal auferlegt wurden. Die Gleichheit vor dem Gesetz ist kein leeres Wort, weil sie die Eintrittsbedingung für die demokratische Moderne darstellt und die Konturen einer Gesellschaft prägt, in der die Individuen für ihr Schicksal selbst verantwortlich sind. Frankreich muss sich zumindest seit der Dritten Republik nicht dafür schämen, wie diese Prinzipien im Rahmen des Nationalstaats verwirklicht wurden, auch wenn dieser Prozess nicht zum Abschluss kam und manchmal nicht ohne Gewalt vonstatten ging. Die Bretonen oder Basken, selbst die Korsen hatten aber keinen besonderen Grund, darüber zu klagen, dass sie als Kinder der Republik behandelt wurden: Die »formalen« Bürgerrechte holten sie aus der drückenden Enge lokaler Gemeinschaften[2] heraus. Die »freie weltliche Pflichtschule« verschaffte ihnen letzten Endes die Voraussetzungen, ungeachtet ihrer sozialen oder regionalen Herkunft gleich und als Gleiche behandelt zu werden.

Das Problem ist heute, dass die Bevölkerungsgruppen »mit Migrationshintergrund«, auch die mit französischer Nationalität, nicht in dieser Weise, sondern oft ganz anders behandelt werden. Man erzählt, dass die kleinen Bauernkinder, die in der Schule Bretonisch sprachen, vom Lehrer bestraft wurden und eine Eselskappe aufsetzen mussten. Der Vertreter der Republik wollte ihnen dadurch zeigen, dass sie alle fremdartigen Zugehörigkeitsmerkmale, die ihrer nationalen Integration im Weg standen, abzulegen hatten. Die Methode war brutal und das Postulat, dass die regionale Verwurzelung mit der Zugehörigkeit zur Nation unvereinbar ist, mehr als fragwürdig. Doch was uns heute selbstverständlich erscheint, war zu Beginn des 20. Jahrhunderts längst nicht so klar. Wie dem auch sei, diese Praktiken sollten allen die Möglichkeit geben, die vollen Bürgerrechte zu erlangen. Wenn heute die »Ordnungskräfte«, auch sie als Vertreter des Gesetzes, die Identitätskontrollen verschärfen und Jugendlichen wegen ihres Aussehens Straftaten anlasten *(délits de faciès)*, gehen sie genau umgekehrt vor. Die eth-

---

2 Im Original deutsch (A. d. Ü.).

nischen Zugehörigkeitsmerkmale sollen nicht beseitigt, sondern, wenn man so sagen darf, festgeklopft werden, damit sie anstelle der gebotenen Gleichbehandlung eine Sonderbehandlung erlauben. Der Unterschied wird hervorgehoben und zum Stigma gemacht: Die Hautfarbe und der arabisch klingende Name provozieren Argwohn und Ablehnung.

In diesem Sinne können wir von *negativer Diskriminierung* sprechen. Das ist kein Pleonasmus. Es gibt Formen positiver Diskriminierung, die die Benachteiligten bevorzugen. Gegen solche Maßnahmen ist im Prinzip nichts einzuwenden, wenn damit zusätzliche Anstrengungen für Bevölkerungsgruppen unternommen werden, die nicht über die nötigen Voraussetzungen verfügen, um sich in die Allgemeinheit einzugliedern, und die dadurch die Möglichkeit bekommen, wieder Anschluss zu finden. Es ist zum Beispiel nicht – oder allenfalls positiv – diskriminierend, für schwächere Schüler spezielle pädagogische Maßnahmen einzuführen, damit sie nicht wieder sitzenbleiben, oder unqualifizierte Arbeiter beruflich weiterzubilden, damit sie wieder vermittelbar werden. Es kann auch sinnvoll oder sogar unabdingbar sein, bestimmte Bevölkerungsgruppen gezielt mit Maßnahmen anzusprechen, um eine für sie nachteilige Besonderheit abzubauen oder zu beseitigen.[3]

Negative Diskriminierung besteht aber nicht darin, dass man an die Zukurzgekommenen Extrawürste verteilt. Sie macht vielmehr

3 Nicht ganz so einfach ist es, wenn man die konkreten Auswirkungen positiver Diskriminierungsmaßnahmen untersucht. Häufig wird eine Gruppe, die aufgrund und zwecks Beseitigung eines bestimmten Nachteils zum Gegenstand solcher Maßnahmen wird, auf diesem Wege stigmatisiert. Das zeigt das französische Beispiel des Grundeinkommens, das unter dem Titel *Revenu minimum d'insertion* (Mindesteinkommen zur gesellschaftlichen Eingliederung) anfänglich begrüßt und vom Parlament im Jahre 1988 sogar einstimmig eingeführt wurde. Schon bald wurde das Etikett *RMIste* zu einer abwertenden, wenn nicht diffamierenden Bezeichnung für »Sozialhilfeempfänger«, während es anfangs legitim zu sein schien, dass man diesen in Bezug auf die Arbeitswelt benachteiligten Menschen hilft, aus der Abhängigkeit herauszukommen. Wir werden im letzten Kapitel auf diese Aporien der Diskriminierung zurückkommen und auf die entsprechenden Vorkehrungen eingehen, die das Umschlagen von positiver in negative Diskriminierung verhindern.

aus einer Differenz eine Defizienz, die für ihren Träger zu einem unaustilgbaren Makel wird. Negativ diskriminiert zu werden heißt, aufgrund einer Eigenart abgestempelt zu werden, die man sich nicht ausgesucht hat, die aber für die anderen zum Stigma wird. Eine entstandene Alterität wird zum Faktor der Ausgrenzung.

Wir möchten zeigen, dass ethnische Zugehörigkeit in der französischen Gesellschaft größtenteils noch immer auf diese Weise funktioniert. Freilich ist dieser Mechanismus widersprüchlich, weil er sich nicht mit den demokratischen Prinzipien verträgt. Diese Prinzipien lassen sich nicht als bloße Feigenblätter betrachten, die dazu dienen, das imperialistische oder kolonialistische Erbe zu verdecken. Im Gegenteil, gerade indem wir sie ernst nehmen, dringen wir zum Kern des Problems vor, das die negative Diskriminierung aufwirft. Sie stellt nichts anderes als den Begriff der Staatsbürgerschaft *(citoyenneté)* zur Debatte. Durch die Diskriminierung ist unser Konzept von Staatsbürgerschaft dazu gezwungen, sich auszuweiten, um eine Alterität aufzunehmen, nämlich die der ethnischen Zugehörigkeit, deren Verleugnung für sie fatal wäre. Wird die französische Gesellschaft dazu imstande sein – und wenn ja, unter welchen Bedingungen –, das von ihr immer noch größtenteils abgelehnte ethnische Element gleichberechtigt zu integrieren?

Wir wollen die hier vertretene Position zunächst anhand einer Untersuchung ausführen, die sich mit der Lage der Vorstadtjugendlichen befasst, genauer gesagt mit jenem Teil von ihnen, der zumindest nach allgemeiner Vorstellung ihr Hauptelement ist, der Jugendlichen mit maghrebinischem und schwarzafrikanischem Migrationshintergrund. Wir gehen dabei, noch präziser formuliert, von den Ereignissen im Herbst 2005 aus. Nicht dass diese »städtischen Unruhen« eine wirkliche Ausnahmesituation waren. Bekanntermaßen hat es seit Anfang der 1980er Jahre immer wieder städtische Gewaltexzesse zwischen Ordnungskräften und Gruppen von Jugendlichen mit Verfolgungsjagden, Steinwürfen, brennenden Autos und demolierten Gebäuden gegeben. Wegen ihres Ausmaßes und ihres nationalen und internationalen Echos sahen aber viele in den Ereignissen von 2005 ein Symptom für ein tiefsitzendes Übel, das die französische Gesellschaft unterminiert. Wir müssen kein Katastrophenszenario aufbauen: Frankreich stand nicht am Abgrund, und es ist nicht sehr wahrscheinlich, dass dies in Zukunft der Fall sein wird. Wenn wir aber alle Implikationen berücksichtigen, müssen wir uns angesichts der in den Vorstädten sich abzeichnenden Abspaltungsgefahr darüber Gedanken machen, wie eine soziale Formation, die immer mehr ein ethnisches und, wenn man das Wort nicht scheut, rassisches Element in sich trägt, zu einer wirklichen Gesellschaft wird. Die Schande negativer Diskriminierung ist durch tagespolitische Maßnahmen nicht zu beseitigen. Es bleibt aber zu hoffen, dass eine eingehendere politische und soziologische Reflexion Orientierungen liefert, die uns helfen können, sie zu bekämpfen.[4]

---

4 Die ersten Kapitel dieses Versuchs folgen den Thesen und Ausführungen meines Artikels »La discrimination négative. Le déficit de citoyenneté des jeunes de banlieue«, in: *Annales,* 61, 2006, H. 4, S. 777–808. Sie wurden für den vorliegenden Band erheblich erweitert, aktualisiert und ergänzt.

Die Konstruktion eines Abschiebungsraums

Die überzeugendste Interpretation der städtischen Gewalt vom Herbst 2005 besteht darin, dass es sich um einen Aufstand der Verzweiflung handelte. Die jugendlichen Aufrührer forderten nichts, ihre Auftritte wirkten sporadisch und improvisiert. In heftigen Wutausbrüchen gingen sie auf die Ordnungskräfte los, steckten Autos und öffentliche Gebäude in Brand. Diese Reaktionen erinnern an die Bauernaufstände, Massenunruhen und sonstige Aufwallungen des »Volkszorns«, die die Geschichte der vorindustriellen Gesellschaften säumten, bevor sie sich in kollektiven Organisationen mit dem Ziel der Gesellschaftsveränderung kanalisierten. Was bei diesen Ereignissen ins Auge springt, ist das Fehlen von Führungsfiguren, Organisationsstrukturen, plakativen Zielsetzungen oder einlösbaren Forderungen (abgesehen vielleicht von der nach dem Rücktritt des Innenministers, die aber eher im Rahmen einer personalisierten Konfrontation als in Form einer wirklichen politischen Forderung erhoben wurde). Das Fehlen jeglicher Zukunftsperspektive zeugt von einer tiefen Verzweiflung. Die Gegenwart beschwört alle Ablehnung herauf, ohne dass sie auf etwas zu beruhen oder zu etwas zu führen scheint.

Hüten wir uns aber vor einer Deutung, die diese Ereignisse isoliert betrachtet und auf den Moment ihres Auftretens reduziert, schon um uns nicht der Notwendigkeit zu entziehen, ihre Geschichte zu schreiben oder ihre Soziologie zu betreiben, sie also in eine Entwicklung einzuordnen und in einen gesellschaftlichen Zusammenhang zu stellen. Natürlich erhebt diese historische und soziologische Auseinandersetzung keinen Anspruch auf Vollständigkeit. Wir wollen die Ereignisse in eine Fragestellung einordnen, die sich auf die von diesen Jugendlichen in unserer Gesellschaft eingenommene *Position* bezieht. Wir möchten zeigen, dass ihr Drama darin besteht, dass sie im Grunde genommen weder »drinnen« noch »draußen« sind, sondern an die Ränder der sozialen Welt verbannt werden. Diese Ränder sind aber weniger ein exotisches Terrain als vielmehr die Überdetermination der Vorgänge im Zentrum der Gesellschaft und ihrer Probleme. Die Vorstadt als Randzone ist ein Teil der heutigen sozialen Frage, die sie aber gleichzeitig dramatisiert, indem sie ihr eine ethnisch-rassische Konnotation verleiht und damit negativ diskriminiert. Das ist zumindest das von uns vorgeschlagene Interpretationsschema für diese Ereignisse: Wir wollen zeigen, dass sie ein machtvolles Symptom dafür sind, wie sich die ethnische Frage in der französischen Gesellschaft insgesamt stellt.

Von der »Strahlenden Stadt« zur Schlafstadt

Wir sollten zunächst einige historische Fakten bezüglich dieser Vorstädte in Erinnerung rufen, und sei es zur Vergegenwärtigung einer Paradoxie: Diese Gebiete, heute oft als Stätten der Verödung wahrgenommen, galten anfangs als kühne Innovationen, die den Erfordernissen einer modernen städtischen Wohn- und Lebensform entsprechen sollten. Wollte man die Genealogie dieses funktionalen Urbanismus nachzeichnen, müsste man bei den Projekten beginnen, die seit Ende des 19. Jahrhunderts von den Sozialreformern insbesondere im Umkreis des Musée social[1] und des Munizipalsozialismus entwickelt wurden, um die Stadt nach Maßgabe der Volksgesundheit und der rationalen Verwaltung der Bevölkerung in der Industriegesellschaft zu einem sozialen Befriedungsraum umzugestalten. Sie verbinden sich mit innovativen Architekten aus der Schule von Rom wie Tony Garnier, dem Schöpfer der »Cité industrielle« und Erfinder der Zoneneinteilung, oder Henri Prost, der in Marokko unter der Protektoratsregierung von Lyautey (1912–1925) mit den modernen Stadtzentren von Casablanca und Rabat das erste großangelegte Stadtplanungsprogramm durchführte.[2] Es ist bezeichnend, dass sich dieser neue Urbanismus anfangs außer Landes entwickelt. In der Metropole ist der Raum zu stark parzelliert, und auf städtebaulichem Gebiet gibt es keine zentrale Behörde, die eine grundlegende Erneuerung der Wohnverhältnisse durchsetzen kann.

---

1 Das Pariser Sozialmuseum, ein 1894 gegründeter Verein, gilt als Denkfabrik des französischen Wohlfahrtsstaats (A. d. Ü.).

2 Vgl. Paul Rabinow, French Modern. Norms and Forms of the Social Environment, Cambridge, Mass., 1989.

Das ändert sich nach dem Zweiten Weltkrieg. In Frankreich herrscht große Wohnungsnot (siehe den berühmten Aufruf des Abbé Pierre von 1954), bedingt sowohl durch die Kriegsschäden wie auch durch die marode Bausubstanz. Die seit Ende der 1950er Jahre errichteten Hochhaussiedlungen erscheinen als die richtige Antwort auf diese Situation.[3] Anfangs sieht es so aus, als könne das bald im Rahmen der »gaullistischen« Planungs- und Modernisierungspolitik betriebene Programm seine Ziele erreichen. Die Zahl der mit Wohnraum unterversorgten *mal-logés,* Mitte der 1950er Jahre auf elf Millionen geschätzt, reduziert sich drastisch auf drei Millionen, indem man neue Stadtteile aus dem Boden stampft. Bewohnt werden diese »Grands ensembles« anfangs von Zuzüglern aus der Provinz, die zur Arbeit in die Großstädte kommen, repatriierten Algerienfranzosen oder jungen aufstiegsorientierten Angestellten und Beamten, ebenso von Vertretern der integrierten Arbeiterklassen und der unteren Mittelschicht, die man aus den ungesunden und überbelegten Stadtwohnungen herausgelockt hat. Diesen am Boom der »Trentes glorieuses«[4] partizipierenden Schichten bietet die neue Stadtplanungspolitik zu geringen Kosten größtmöglichen Komfort und Lebensbedingungen, in denen sich ein neuer Wohn- und Lebensstil ausprägen soll. Die Architekten waren von Le Corbusier und der Charta von Athen beeinflusst. »Eindeutige Regeln sichern den Bewohnern angenehmes Wohnen, leichte Arbeit und eine glückliche Freizeit. Die Seele der Stadt lebt auf durch die Klarheit des Plans.« (§ 86)[5] Die größten Enthusiasten haben diese inmitten von brachliegenden Äckern und Rübenfeldern aufragenden Wohnsilos mit »neuen Kathedralen« verglichen.

Ob alle Betreiber dieser Projekte oder gar alle neuen Bewohner die optimistischen Annahmen dieser technokratischen Utopie geteilt haben, sei dahingestellt. Man sollte aber an sie erinnern, wenn

---

3 Eine gute Darstellung dieses Kontexts findet sich in dem Buch von Christian Bachmann/Nicole Le Guennec, Violences urbaines. Ascension et chute des classes moyennes à travers cinquante ans de politique de la ville, Paris 1996.

4 Die dreißig »goldenen« Nachkriegsjahre, 1946–1975 (A.d.Ü.).

5 Vgl. Thilo Hilbert (Hg.), Le Corbusiers Charta von Athen. Texte und Dokumente, Braunschweig 1984, S. 162.

sich diese Vision der »Cité radieuse«[6] heute in ihr Gegenteil verkehrt und man mit derselben Übertreibung von »verkommenen« Gegenden spricht. Bei allen Vorbehalten gegenüber der modernistischen Verheißung, durch Neugestaltung der Lebensformen einen neuen Menschen zu schaffen, muss man aber auch anerkennen, dass das Rezept anfangs seine Wirkung tat, weil es die gravierendsten Folgen der Wohnungsnot zu erschwinglichen Kosten einzudämmen half. Der funktionale Urbanismus erlebte seinen Triumph. In den Jahren 1958 bis 1973 entstehen in Frankreich 193 »Stadtentwicklungsgebiete« (*zones à urbaniser en priorité* – ZUP) mit zwei Millionen Wohnungen, vor allem in Mietshauskomplexen. Thierry Oblet hat gezeigt, wie sich insbesondere durch die zentralen Bau- und Raumplanungsgesellschaften, gegründet Mitte der 1950er Jahre als Tochterunternehmen der Depositen- und Darlehenskasse, die Ansichten der modernistischen Architekten und Ingenieure mit den Planungsbestrebungen des interventionistischen Staates und den Interessen der Bauunternehmer verbanden, die sich von geradliniger Betonkonstruktion und standardisierter Bauweise moderate Kosten bei ansehnlichen Gewinnen versprachen. Eine paradoxe »Wahlverwandtschaft« zwischen scheinbar widersprüchlichen Erfordernissen, die aber eine Zeitlang erfolgversprechend war.[7]

Das Konzept der »Grands ensembles« kehrt jedoch bald seine Schattenseiten heraus. Schon zu Beginn der 1960er Jahre werden die ersten Klagen laut über die Unmenschlichkeit eines Lebensraums ohne Straßen und öffentliche Räume der Kommunikation und Geselligkeit, der seine Bewohner – insbesondere die »Frauen am Herd« – zu neurotisierender Isolation verdammt. Der »Sarcellit«, jener sprichwörtlich gewordene Einwohner von Sarcelles, wo die gewaltigste dieser Hochhaussiedlungen im Pariser Großraum entstand, wird zum gängigen Symbol für die krank machende Lebensweise in den wie »Kaninchenställe« gebauten »Schlafstädten«. Es handelt sich aber, immer noch in dieser Anfangszeit, um eine Krankheit, die sozusagen eine der »Middle Class« oder der inte-

6 Die Cité radieuse (»Strahlende Stadt«) wurde 1952 von Le Corbusier in Marseille gebaut (A. d. Ü.).

7 Thierry Oblet, Gouverner la ville, Paris 2005.

grierten Arbeiterklasse ist: Sie befällt ganz normale Menschen oder Familien, die von den im städtischen Milieu traditionell gedeihenden Begegnungen und Kommunikationsbeziehungen abgeschnitten sind. Nach Ansicht dieser ersten Kritiker ist es den Vorstadtsiedlungen nicht geglückt, ihren Bewohnern in dem von ihnen vorgezeichneten Raum die Grundvoraussetzungen menschlichen Zusammenlebens zu bieten. Das Vorstadtproblem ist anfangs das Problem der Lebensnöte von einheimischen Bevölkerungsgruppen oder Algerienfranzosen, denen es in materieller Hinsicht relativ gut geht.

Ethnisierung und Pauperisierung

Weit mehr als ihre inneren Dysfunktionalitäten ist es aber eine *äußere* Entwicklung, die das Bild der Wohnsiedlungen in zweifacher Hinsicht in ein sehr schlechtes Licht rückt: Diese Stadtgebiete werden *ethnisiert* und *pauperisiert.* Beide Prozesse fanden gleichzeitig statt und haben viele dieser Stadtrandbezirke zu jenen Problemgebieten gemacht, die man in Frankreich mit einem freundlichen Euphemismus als *quartiers sensibles* bezeichnet.

Der erste Faktor, die Ethnisierung, hängt mit einer veränderten Einwanderungspolitik zusammen. Die Einwanderungswelle der 1950er Jahre brachte vor allem Arbeiter maghrebinischer Herkunft ins Land, eine Reaktion auf den Arbeitskräftemangel infolge des Zweiten Weltkriegs. Es handelt sich um eine Arbeitsmigration von Männern, die, ob verheiratet oder nicht, ohne Anhang nach Frankreich kommen, häufig nur für begrenzte Zeit, um ihre in der Heimat gebliebene Familie zu unterstützen und irgendwann auch selbst wieder zurückzukehren. Ihre Wohnverhältnisse sind prekär und oft unwürdig: Wohnheime im Sonacotra-Stil,[8] Durchgangsheime, überbelegte Hotelunterkünfte und Barackensiedlungen. Wollte man zynisch sein, könnte man sagen, dass dieses Problem ja nur die Einwanderer betrifft und ansonsten niemanden stört, schon weil

---

8 Die *Société nationale de construction de logements pour les travailleurs* (Sonacotra), 1956 für den Bau von Unterkünften für die hauptsächlich algerischen Gastarbeiter gegründet, geriet wegen ihrer als »kolonialistisch« bezeichneten Verwaltungspraktiken in Verruf (A. d. Ü.).

sich deren Leben in der Arbeit erschöpft. Man könnte auch, immer noch zynisch, hinzufügen, dass es noch heute alte maghrebinische Arbeiter gibt, die zur »Heimkehr« nicht willens oder in der Lage waren und in der Einsamkeit einer Hotelunterkunft vor sich hin dämmern. Ihr Schicksal hat nicht viele berührt, da menschliches Unglück allein noch kein soziales Problem darstellt.

Diese Situation ändert sich grundlegend durch die Mitte der 1970er Jahre eingeführte Möglichkeit der Familienzusammenführung: Wer über eine Aufenthaltserlaubnis und ein regelmäßiges Einkommen verfügt, kann seine Familie nachkommen lassen; die Kinder erhalten in der Mehrzahl die französische Staatsbürgerschaft. Die Arbeitsmigration wird zur Bevölkerungsmigration. Die Großsiedlungen mit ihren Sozialwohnungen werden für diese Familien zur bevorzugten Auffangstation, da sie relativ viel Platz zu relativ günstigen Mieten bieten. Bald stellt sich in diesem Zusammenhang das Problem der »sozialen Mischung«.

Dieses Problem wird durch einen zweiten Faktor verschärft, der neben der Ethnisierung das Gesicht dieser Stadtteile gründlich verändert: die Zunahme von Arbeitslosigkeit und Armut. Die ursprüngliche Besiedelung der »Grands ensembles« fiel in die Zeit des wirtschaftlichen Nachkriegsaufschwungs und der relativen Vollbeschäftigung, die Mitte der 1970er Jahre zu Ende geht. Von Arbeitslosigkeit und prekarisierten Arbeitsverhältnissen sind vor allem die schwächsten Gruppen der alten Vorstadtbewohner betroffen, sowohl unter den Einheimischen wie auch unter den Arbeitsmigranten. Sie sind die ersten Opfer der Deindustrialisierung und einer Veränderung des Arbeitsmarkts, die zu einer Verknappung von unqualifizierten Arbeitsplätzen führt, und aufgrund ihres sozialen Abstiegs nun auf diese Vorstadtsiedlungen angewiesen. Auch die aus Baracken und Durchgangsheimen kommenden Einwanderer oder die Neuankömmlinge, die keinen Zugang zum privaten Wohnungsmarkt mit seinen explodierenden Mieten haben, finden praktisch nur hier eine Wohnung. Gleichzeitig werden die Vorstädte von besser verdienenden Bewohnern verlassen, die in gesicherteren Verhältnissen arbeiten und ohnehin kaum die Absicht hatten, sich dauerhaft in einer Hochhaussiedlung niederzulassen. Sie erfüllen sich den Traum vom eigenen Heim oder ziehen in das den Mittelschichten vorbehaltene städtische Umland, sofern sie nicht auf dem Wege der Gentrifizierung die Innenstädte zurückerobern. Wie Jacques Donzelot nachdrücklich betont, muss das Vorstadtproblem in den Rahmen einer allgemeinen Umgestaltung des städtischen Raums gestellt werden, die die verschiedenen sozialen Gruppen in einem räumlichen Separierungsprozess dazu veranlasst, je nach ihren Möglichkeiten gezwungenermaßen oder aber aus eigenem Entschluss »unter sich« zu bleiben.[9]

So wurden die Großsiedlungen zu Orten sozialen Abstiegs.[10] Parallel zur Flucht der Bessergestellten gab es eine Sedimentierung der in die Armut abrutschenden Schichten. Die »soziale Mischung« wird zu einem Mischmasch von Bevölkerungsgruppen, bei denen sich alle Benachteiligungen häufen, sowohl in Bezug auf die wirtschaftlichen Ressourcen wie auch auf die Arbeitsmarktposition oder die Fähigkeit, auf eigenen Füßen zu stehen. So müssen die schwächsten Glieder der Gesellschaft gegen ihren Willen in sich verschlechternden Lebensverhältnissen mit sinkendem Image zusammenleben. In diesen ZUS *(zones urbaines sensibles)* oder »städtischen Problemgebieten«, wie man sie bald nennt, ist die Prekaritäts- und Arbeitslosenquote, aber auch der Anteil der Empfänger von Sozialhilfe und Sozialleistungen (besonders für Alleinerziehende – ein Zeichen familiären Zerfalls) im Durchschnitt dreimal so hoch wie in der französischen Gesellschaft insgesamt. Das Einkommen liegt bei jedem fünften (in ganz Frankreich bei jedem zehnten) Haushalt unter der Armutsgrenze.[11] Der Migrantenanteil wirkt sich als zusätzliche Benachteiligung aus, die das Wohnen in diesen Bezirken abwertet und diese Abwertung gleichzeitig überdeterminiert. Denn die rassische oder rassistische Konnotation, auf die wir zurückkommen werden, ist in diesem Gesamtbild eine entscheidende Dimension.

Das ist der etwas zu schematisch gezeichnete Hintergrund für die Krawallnächte. Zu schematisch deshalb, weil man darauf hinweisen müsste, dass »die Banlieue«, »die Hochhaussiedlung« oder

---

9 Jacques Donzelot, Quand la ville se défait. Quelle politique face à la crise des banlieues?, Paris 2006.

10 Siehe Jean-Marie Delarue, Banlieues en difficultés. La relégation, Paris 1991.

11 Cyprien Avenel, Sociologie des quartiers sensibles, Paris 2004.

»die Vorstadt« soziologisch gesehen keineswegs einheitliche Realitäten sind. In ein und derselben Siedlung können sich besonders »problematische« Wohnblöcke oder Häuserkomplexe – mit einem besonders hohen Anteil von Einwanderern, Arbeitslosen, »Sozialfällen« oder Problemfamilien – befinden und daneben solche, in denen die Bewohner ein friedliches Leben führen und sich in ihrem Stadtteil positiv engagieren. Wie Thierry Oblet zeigt, hat die Politik bestimmter Kommunen und Sozialwohnungsgesellschaften für jene Disparitäten gesorgt, die die »soziale Mischung« besonders problematisch machen.[12] Indem nur die schlimmsten Zustände herausgestellt werden, entsteht das auch von den meisten Medien verbreitete Schreckgespenst »der« Banlieue. Eigentlich dürften wir den Begriff *la banlieue* gar nicht verwenden, weil er wie der früher gebräuchliche Ausdruck *la zone* mit einem bestimmten Elendsbild von verkommenen Armen verbunden ist, in dem sich die Kesselflicker streiten oder die »Apachen« ihr Unwesen treiben.[13] Objektiv und historisch gesprochen ist das vornehme Neuilly-sur-Seine genauso eine Banlieue wie Clichy-sous-Bois.[14]

»Die Banlieue« wurde bei weitem nicht als Ganzes von den Unruhen erfasst.[15] Und wenn es Unruhen gab, sind sie in keiner Weise

---

12 Oblet, Gouverner la ville.

13 Die *Apaches* waren Jugendbanden, die Anfang des 19. Jahrhunderts durch zahlreiche Untaten auf sich aufmerksam machten.

14 Der *ban* im Begriff der *ban-lieue* ist zunächst das von einer Stadt beherrschte Umland, in dem die »Bannglocke« die Bürger zusammenruft. Der *arrière-ban* ist das Hinterland (vgl. Bruno Étienne, »Ban-lieues. Essai d'interprétation anthropologique«, in: Raphaël Draï/Jean-François Mattéi [Hg.], La République brûle-t-elle?, Paris 2006). Man könnte auch an den »Bann« erinnern, jene furchtbare Strafe vorindustrieller Gesellschaften, die das Individuum zur Heimatlosigkeit verdammt, indem es schutz- und rechtlos umherirren muss. Wenn die Geschichte tatsächlich ihre Spuren hinterlässt, ist »die Banlieue« kein leichtes Erbe.

15 Ein sehr exakte Lokalisierung der Unruhen findet sich bei Hugues Lagrange/Marco Oberti (Hg.), Émeutes urbaines et protestations. Une singularité française, Paris 2006. Die Daten zum Profil der Aufrührer sind demgegenüber viel ungenauer, und das aus gutem Grund: Soweit sie nicht inhaftiert wurden, hinterließen sie keine erkennungsdienstlichen Angaben. Ich muss mich deshalb mit anderen Beobachtern an die vorhandenen Einschätzungen halten: Es handelt sich um Jugendliche männ-

mit einem Volksaufstand zu vergleichen wie etwa dem Pariser Arbeiteraufstand von 1848 oder der Pariser Kommune von 1871. »Die Banlieue« als Ganzes blieb ruhig, obwohl zahlreiche Berichte bezeugen, dass viele den Aufrührern ein gewisses Verständnis entgegenbrachten. Bei diesen handelte es sich ausschließlich um junge, oft sehr junge Männer, in der Mehrzahl mit Migrationshintergrund; um keine richtigen Einwanderer, weil die meisten in Frankreich geboren sind und die französische Staatsbürgerschaft haben, sondern um Jugendliche mit »Migrationshintergrund«, weil ihre Eltern Einwanderer waren. Ethnisch stellen sie gegenüber der französischen Gesamtbevölkerung eine Minderheit dar, politisch sind sie französische Staatsbürger. An diesen besonderen Merkmalen – Altersgruppe, ethnische Herkunft, politische Staatsbürgerschaft und natürlich soziale Lage – müssen wir ansetzen, wenn wir die Bedeutung der Ereignisse vom Herbst 2005 und darüber hinaus die besondere Stellung begreifen wollen, die ihre Protagonisten in der französischen Gesellschaft einnehmen.

---

lichen Geschlechts, in der Mehrzahl maghrebinischer Herkunft (also zumeist französische Staatsbürger), unter denen sich aber eine beträchtliche Anzahl von Jugendlichen subsaharischer Herkunft befindet, die teilweise ebenfalls französische Staatsbürger sind. Belegt ist jedoch, dass entgegen den anfänglichen Unterstellungen des Innenministers der Anteil von beteiligten Ausländern bedeutungslos war.

Weder drinnen noch draußen

Die von uns vorgeschlagene Interpretation für das Verhalten der jugendlichen Akteure der städtischen Unruhen – und ganz allgemein jener Mehrheit der nicht direkt daran beteiligten Jugendlichen mit derselben »Wut im Bauch« – besteht darin, dass sie in einem Widerspruch gefangen sind und ihre scheinbar blinde Gewalt eine nihilistische Reaktion auf ihre ausweglose Situation darstellt. Diese Ausweglosigkeit ist aber genauer zu beschreiben. Sie rührt nicht daher, dass diese Jugendlichen aus der französischen Gesellschaft völlig herausfallen. Wir können ihre Situation nicht dadurch erfassen, dass wir sie primär als Ausgegrenzte betrachten, die in Ghettos verbannt sind. Diese Jugendlichen werden nicht ausgegrenzt, weil sie eine Vielzahl von Bestrebungen und Aktivitäten ihrer Altersgruppe teilen und viele von ihnen im Prinzip alle Rechte der französischen Staatsbürgerschaft genießen. Sie befinden sich auch nicht in einer Apartheidssituation, weil sie, zumindest teilweise, in den staatlichen Institutionen sozialisiert wurden und auf einem Teil des Staatsgebiets wohnen, der von der öffentlichen Hand noch immer mehr oder weniger gut verwaltet wird. Um ihre Stellung in der französischen Gesellschaft und die damit verbundenen Probleme genauer einordnen zu können, müssen wir zunächst die herkömmlichen Interpretationen von radikaler Ausgrenzung und totaler Ghettoisierung zurückweisen oder zumindest relativieren. Heute können sich in der Tat Ausgrenzungs- und sogar Ghettoisierungsprozesse entwickeln; wir kommen darauf zurück. Diese Dynamiken sind aber nur zu begreifen, wenn wir uns zunächst einmal bewusst machen, dass es in den Vorstädten noch keine wirklichen Ghettos, noch keine wirklich Ausgegrenzten gibt, wenn wir also diesen Begriffen eine halbwegs präzise Bedeutung verleihen.

Noch keine Ghettos

Halten wir zunächst fest, dass in den zu »städtischen Problemgebieten« (*zones urbaines sensibles* – ZUS) deklarierten Bezirken 4,46 Millionen Menschen leben. Handelte es sich tatsächlich um Ghettos, würden sie ein Zehntel der französischen Stadtbevölkerung umfassen. Der Ghettobegriff verschmilzt äußerst heterogene Situationen und Populationen, während eine Analyse der Banlieues gerade diese doppelte Heterogenität zu berücksichtigen hätte. Das aus den Vereinigten Staaten importierte Ghettobild bezeichnet ethnisch homogene, sich selbst überlassene Gebiete, die praktisch ein Eigenleben führen. Die französischen Stadtrandbezirke sind aber im Gegensatz dazu durch ethnische Heterogenität charakterisiert. Selbst in den am stärksten »durchmischten« Bezirken ist die französischstämmige Bevölkerung immer noch majoritär. Die in den Banlieues existierende Gewalt ist nicht mit der in den amerikanischen Ghettos vergleichbar, wo die Mordrate im Jahr 1990 bei 100 von 100000 Einwohnern lag. Auch die Indikatoren des sozialen Zerfalls lassen sich nicht miteinander vergleichen. So gehen zum Beispiel im Zentrum des Schwarzenghettos von Chicago nur 16 Prozent der Bewohner einer bezahlten Arbeit nach, und der Anteil von Einelternfamilien liegt dort je nach Bezirk bei 60 bis 80 Prozent (gegenüber nicht einmal 10 Prozent in La Courneuve).[1]

Diese Zahlen stammen zwar aus den 1990er Jahren und bedürfen der Aktualisierung. Nichtsdestoweniger verweist die Situation amerikanischer Ghettos auf die Konzeption einer ethnisch und kulturell homogenen *underclass*, die gleichförmige Inseln von sozialer Deprivation, Gewalt und Abhängigkeit ausbildet. Ein stigmatisierendes Bild, das zudem, wie auch viele Amerikaner sagen, die Opfer zu Tätern stempelt und das man nicht unüberlegt auf Situationen übertragen sollte, in denen es keine ethnischen Enklaven gibt, abgesehen von bestimmten Wohnblöcken oder Treppenhäu-

1 Vgl. Loïc Wacquant, Parias urbains. Ghetto, banlieues, État, Paris 2006. Anders als die schwarzmalerischen Erklärungen zum »Ghetto der Banlieues« stützt sich diese Arbeit auf Feldforschungen im Schwarzenghetto von Chicago und im Pariser Vorort La Courneuve [den der damalige Innenminister Sarkozy »mit dem Kärcher reinigen« wollte; A. d. Ü.].

sern. Oder man müsste eben klarstellen, dass es sich in diesen Fällen um heruntergekommene Mikro-Sozialräume handelt, die für die Situation »der Banlieue« alles andere als repräsentativ sind.[2]

Angesichts der verbreiteten Gleichsetzung der Vororte mit Ghettos sollte man vor allem darauf achten, ob und wie diese Räume mit der Gesellschaft als Ganzes verbunden sind und ob der Staat und seine Vertreter mit Einrichtungen und Maßnahmen in diesen Gebieten präsent sind oder nicht. In Frankreich waren auch die »sensiblen« und ganz besonders die sensibelsten Stadtteile schon seit Anfang der 1980er Jahre Gegenstand einer kontinuierlichen Sozialpolitik. Die nach dem Dubedout-Bericht von 1983[3] eingeführte Politik der sozialen Stadtteilentwicklung (*Développement Social des Quartiers* – DSQ) wurde 1990 als sozialintegrative Stadtpolitik *(Politique de la Ville)* unter der Zuständigkeit eines Städteministers weitergeführt. Sie hat eine ganze Reihe von oftmals innovativen Initiativen entwickelt, auf die wir hier nicht weiter eingehen können. Allein in finanzieller Hinsicht wurden aber zwischen 1994 und 2001 im Durchschnitt alljährlich 3,6 Millionen Euro in diese Politik investiert, und diese Gelder sind, was selten genug ist, unabhängig von politischen Machtwechseln weitergeflossen.[4]

Es ist zwar en vogue, vor allem im Lichte der Ereignisse von 2005 von einem »Scheitern« dieser Politik zu sprechen. Wir können aber nicht sagen, wie es heute aussähe, hätte man diese Anstrengungen nicht unternommen.[5] Was wären überhaupt die diesbezüglichen

---

2 Vgl. Cyprien Avenel, »La question de l'underclass des deux côtés de l'Atlantique«, in: *Sociologie du travail,* 39, 1997, H. 2, S. 211–234.

3 Hubert Dubedout, Ensemble, refaire la ville, Paris 1983.

4 Dominique Lorrain, »La dérive des instruments. Les indicateurs de la politique de la ville et l'action publique«, in: *Revue française de science politique,* 56, 2006, H. 3, S. 429–456.

5 Zahlreich sind die Versuche, diese Politik zu bewerten. Vor einigen Jahren wurde für die »sensiblen« Stadtteile (ZUS) eine nationale Beobachtungsstelle eingerichtet. Ihr zweiter Jahresbericht, veröffentlicht wenige Tage nach dem Ausbrechen der Ereignisse vom Herbst 2005 [dt. Fassung: *http://www.ville.gouv.fr/pdf/editions/kritischer-stadtteile.pdf*], stellt fest, dass die Diskrepanzen zwischen den ZUS und dem übrigen Staatsgebiet größer werden und dass auch die Arbeitslosigkeit zunimmt (vgl. Renaud Epstein/Thomas Kirszbaum, »Après les émeutes. Com-

Erfolgskriterien? Wenn die Wirkung dieser politischen Maßnahmen im Verhältnis zu den geweckten Hoffnungen enttäuschend war, dann auch deshalb, weil man sehr viel, zweifellos zu viel, von ihnen erwartet hat. Angelegt als lokale Aktivitäten, sollen sie mit Hilfe öffentlicher Mittel und Verwaltungsmaßnahmen lokale Ressourcen (Partnerschaften, übergreifende Maßnahmen auf kommunaler oder interkommunaler Ebene, Durchführung von Projekten, Vereinsgründungen, Anstöße zur Bürgerbeteiligung et cetera) mobilisieren. Aber gerade weil die »Banlieues« keine Ghettos sind, werden sie von globalen Entwicklungen erfasst, die sich auf die ganze französische Gesellschaft auswirken und gegen die man mit sektoralen Maßnahmen allein nichts ausrichten kann. Die Erfolge der »Stadtteilbetriebe« *(régies de quartier)* beispielsweise, die den Einwohnern Arbeit vor Ort verschaffen sollten, waren gewiss sehr begrenzt. Man konnte aber nicht erwarten, dass allein solche Initiativen die globalen Tendenzen der Massenarbeitslosigkeit umkehren können, von denen die ganze französische Gesellschaft betroffen ist. Tatsächlich kommen in den Wirkungen der »Politique de la ville« die Grenzen und Ambivalenzen der gesamten Politik der beruflich-sozialen Eingliederung und »sozialen Bekämpfung der Arbeitslosigkeit« zum Ausdruck, die man in Frankreich seit mehr als 20 Jahren betreibt. Führten sie auch in den wenigsten Fällen zu einer wirklichen Integration durch einen festen Arbeitsplatz, so hat man sich doch um Individuen und Gruppen gekümmert, die in Schwierigkeiten geraten waren, und ihnen eine oftmals unabdingbare Unterstützung im Kampf gegen Armut und soziale Isolation geboten. Dass dies ihre Lage nicht gänzlich verändert und sie nicht vor der Prekarität bewahrt hat, lässt nicht den Schluss zu, dass diese Politik nutzlos war oder dass sich der Staat dieser Bevölkerungsgruppen nicht angenommen hat. Es kommt mir etwas zu einfach vor, der »Stadtpolitik« und den daran beteiligten Fachleuten und Bürgern vorzuwerfen, sie hätten keine Wunder vollbracht.

---

ment débattre de la politique de la ville?«, in: *Regards sur l'actualité*, Nr. 319, März 2006, S. 39–48). Diese enttäuschenden Resultate können allerdings nichts darüber sagen, was ohne eine solche Politik geschehen wäre.

Man könnte im Gegenteil die Auffassung vertreten, dass den »sensiblen Stadtteilen« durch positive Diskriminierungsmaßnahmen, zum Beispiel durch die Einrichtung von Bildungsförderungsgebieten (*Zones d'éducation prioritaire* – ZEP), besondere Aufmerksamkeit zuteil wurde – was für andere Regionen nicht gilt, insbesondere nicht für das ländliche Frankreich und die tiefe Provinz, wo es zu ebenso alarmierenden Situationen kommen kann, die aber weniger sichtbar sind und von den Medien weniger herausgestellt werden. Dominique Lorrain hat sich in einem sehr fundierten Artikel einer Aufgabe gewidmet, die bislang wohl noch nicht in Angriff genommen wurde: die Situation in einem Stadtteil des Pariser Vororts Villiers-sur-Marne systematisch mit der eines Stadtteils am Rande von Verdun im Département Meuse zu vergleichen, der noch nie von sich reden gemacht hat. Die Hauptstadtregion schneidet dabei nicht so schlecht ab. In Villiers-sur-Marne liegt das durchschnittliche Pro-Kopf-Einkommen um 20 Prozent über dem in Verdun, wo der Anteil der nichtbesteuerten Haushalte deutlich höher ist (54,9 gegenüber 38,1 Prozent in der Pariser Banlieue). Auch das Angebot an kulturellen Einrichtungen, öffentlichen Dienstleistungen und Verkehrsverbindungen ist in der Maasregion eindeutig schlechter. Wenn man zum Beispiel auswärts etwas zu erledigen hat, etwa in der 100 Kilometer entfernten Großstadt Nancy, braucht man mit dem Bus drei Stunden und muss dreimal umsteigen. Mit dem Zug gibt es zwei Verbindungen, die Fahrt dauert morgens 1 Stunde und 52 Minuten und nachmittags 3 Stunden und 50 Minuten (zweimal umsteigen). Von Verdun nach Paris fährt man durchschnittlich 3 Stunden und 30 Minuten (einmal umsteigen). Der Einwohner von Villiers-sur-Marne ist dagegen in 20 Minuten im Pariser Hallenviertel, das er mit dem RER für zweieinhalb Euro regelmäßig in kurzen Abständen von 5.30 Uhr bis 1 Uhr morgens erreicht, und kann von dort in weniger als einer Stunde alle öffentlichen und privaten Einrichtungen von Paris aufsuchen.[6]

Wir wollen den Leser nicht mit dürren Fakten langweilen, aber solcher Untersuchungen bedarf es, bevor man von Ghettos spricht.

---

6 Lorrain, »La dérive des instruments«.

Wenn, wie Dominique Lorrain feststellt, die Gleichbehandlung aller Bürger einer Nation den gleichberechtigten Zugang zu öffentlichen Gütern und Dienstleistungen voraussetzt, dann sind nicht nur die Einwohner des Départements Meuse, sondern auch die vieler ländlicher Gebiete stärker negativ diskriminiert als die meisten Bewohner der »sensiblen Stadtteile«. Trotzdem bekam, um ein letztes Mal auf diesen Vergleich zurückzukommen, die Hochhaussiedlung Hautes Noues in Villiers-sur-Marne ein auf fünf Jahre angelegtes Sanierungsprogramm bewilligt, das pro Einwohner umgerechnet 12450 Euro an öffentlichen Mitteln entspricht, während den Stadtteilen von Verdun im Jahre 2004 ein Stadtentwicklungsprogramm *(Contrat de ville)* im Umfang von 11,8 Euro pro Einwohner zugute kam. Man müsste eingehender nach den Kriterien und Motiven fragen, die den von der Politik getroffenen Entscheidungen zugrunde liegen und dazu führen, dass man sich ein stereotypisiertes Bild von der Banlieue und ihren Problemen macht. Was als »Vorstadtproblem« herausgestellt und verbreitet wird, ist nur ein, wenngleich wichtiger, Teil der Probleme, die in Frankreich durch die Gewalt, die Zunahme von sozialer Unsicherheit und Prekarität und die Entwicklung von neuen Formen der Armut aufgeworfen werden. Man kann jedenfalls die soziale Abseitsstellung, in der sich bestimmte Problemviertel tatsächlich befinden, nicht allein damit erklären, dass sie aufgegeben wurden und zu »rechtsfreien Räumen« geworden sind, zu städtischen Dschungeln in den Händen von Gaunern, Gangstern oder gar islamischen Extremisten. Diese Polizeiversion der Ghettotheorie liefert die Rechtfertigung für eine quasimilitärische Rückeroberungsstrategie, als sei es zur Wiederherstellung von innerem Frieden und sozialer Harmonie damit getan, das Übel auszumerzen, indem man »das Gesindel« (Sarkozy) kriminalisiert. Beobachter vor Ort[7] lehnen einen solchen Ansatz ebenso ab wie all diejenigen (und das sind oftmals dieselben), die die Vielschichtigkeit des Problems begreifen wollen.

---

7 Siehe z.B. Michel Kokoreff, La force des quartiers, Paris 2003; Laurent Muchielli/Véronique Le Goaziou, Quand les banlieues brûlent ... Retour sur les émeutes de novembre 2005, Paris 2006; und das Themenheft der Zeitschrift *Mouvements* (Émeutes et après?), Nr. 44, März/April 2006.

Zu diesem Zweck muss man zur Kenntnis nehmen, dass der Staat trotz all seiner Fehler und Unzulänglichkeiten in der Banlieue in vielfältigen Formen präsent ist. So durch die »Stadtpolitik«, die Einrichtung sozialer Dienste und, wenn auch in begrenztem Maße, durch die öffentlichen Dienste und Institutionen, wie etwa die Schule, als auch durch die Vertreter der zwei hoheitlichen Funktionen par excellence, Polizei und Justiz. Vielfältig ist besonders das Eingreifen der »Ordnungskräfte«, bei Tag und bei Nacht, mit ständigen Ausweiskontrollen bis hin zu Verhaftungen, Hausdurchsuchungen und Großeinsätzen. Problematisch könnte in diesen Stadtteilen eher ihre Omnipräsenz sein, zumindest in den heute vorherrschenden Formen, und weniger ihre Abwesenheit (wir kommen darauf zurück). Jedenfalls kann man sich die Banlieue-Problematik nicht als die eines sich selbst überlassenen sozialen Niemandslands vorstellen. Gelegentlich heißt es, dass der Boulevard périphérique, der Paris von seinen Vororten trennende Autobahnring, wie eine Grenze fungiert. Die Berliner Mauer ist er deshalb noch nicht (und auch Neuilly-sur-Seine liegt jenseits des Périphérique). Die Mechanismen, die zur Abschiebung eines Teils der Bevölkerung in diese Stadtteile führen, sind komplexer als die einer räumlichen Rassentrennung zwischen zwei verschiedenen sozialen Welten.

Noch keine Ausgegrenzten

Sowenig wie die Banlieue ein »Ghetto« ist, so wenig ist der Vorstadtjugendliche ein »Ausgegrenzter«, zumindest dann nicht, wenn man den Begriff der Ausgrenzung – was bei seiner gegenwärtig inflationären Verwendung nur selten geschieht – präziser, nämlich als klare Trennlinie zwischen zwei Bevölkerungskategorien definiert, die die »Ausgegrenzten« völlig vom gesellschaftlichen Zusammenhang abschneidet, weil sie über keines der notwendigen Rechte, Attribute und Mittel für die Teilnahme am allgemeinen gesellschaftlichen Leben verfügen. In diesem Sinne sind die Vorstadtjugendlichen nicht wirklich ausgegrenzt, da die meisten von ihnen über die zwei wesentlichen Vorrechte der Zugehörigkeit zur französischen Nation verfügen: die politische und die soziale Staatsbürgerschaft. Tatsächlich sind sie ungeachtet ihrer ethnischen Herkunft größtenteils französische Bürger und genießen deshalb im Prinzip alle damit verbundenen Rechte, politische Rechte wie auch die Gleichbehandlung durch die Gesetze der Republik. Mit ihrer Volljährigkeit erhalten sie all jene Rechte zuerkannt, die, mit den Worten von Tocqueville, diejenigen adeln, die sie besitzen, Rechte, die keineswegs auf der ganzen Welt existieren und die erst nach jahrhundertelangen Kämpfen für alle galten (die französischen Frauen haben erst nach 1945 vollständig darüber verfügt).

Ausgegrenzte sind diese Jugendlichen auch deshalb nicht, weil sie über die Rechte der *sozialen* Staatsbürgerschaft verfügen: eine Absicherung gegen die sozialen Hauptrisiken Unfall, Krankheit und Mittellosigkeit. Diese Rechte waren nicht selbstverständlich, und ihre Durchsetzung dauerte noch länger als die der politischen Staatsbürgerschaft. Erst nach dem Zweiten Weltkrieg kam die französische Bevölkerung mehrheitlich in den Genuss einer umfassenderen sozialen Sicherung und einer allgemeinen Sozialversicherung, die das Fundament der sozialen Staatsbürgerschaft bilden. Für die Masse der eingewanderten Arbeiter, die aufgrund des damaligen Arbeitskräftemangels angeworben wurden, sah die Situation ganz anders aus. In einem Land wie Frankreich, wo Staatsbürgerschaft und Nationalität untrennbar verbunden sind, konnte sich die Frage der Rechte von Einwanderern nur vermittels der Arbeit stellen, nicht im Rahmen der nationalen Staatsbürgerschaft, da sie zunächst Männer ausländischer Nationalität betraf, deren Anwesenheit auf französischem Boden als vorübergehend galt. Doch für ihre Kinder gilt diese Einschränkung nicht. Diese Jugendlichen der zweiten oder dritten Einwanderergeneration sind prinzipiell Staatsbürger, sowohl unter dem Aspekt der politischen als auch der sozialen Staatsbürgerschaft. Sie haben das Wahlrecht, aber auch das Recht auf Sozialversicherungsleistungen, auf soziale Grundsicherung und so weiter. Bestünde nicht die Gefahr von Missverständnissen, würde ich sogar behaupten, dass sie im Vergleich zu jener Mehrheit pauperisierter Bevölkerungsgruppen, die drei Viertel der Erde bewohnen, äußerst privilegiert sind. Das ist jedenfalls evident. Man verleugnet nicht die Not in der Banlieue, wenn man sagt, dass sie nicht mit dem Elend in Afrika oder in den brasilianischen Favelas und amerikanischen Ghettos zu vergleichen ist, auch nicht mit der Not in all jenen Ländern, in denen ein Großteil der Bevölkerung Tag für Tag ohne soziale Rechte und ohne ein öffentliches Bildungs- oder Gesundheitswesen überlebt. In der französischen Banlieue gilt demgegenüber, was auch Christian Bachmann und Nicole Le Guennec sagen: »Den Ausgegrenzten gibt es nicht. Er ist nur jemand ohne feste Arbeit, der sozial kontrolliert wird, in den Augen der Allgemeinheit eine niedrige soziale Stellung innehat und von mehr oder weniger sporadischen öffentlichen und privaten Unterstützungen oder von Geschäften am Rande der Legalität lebt.«[8] Zur Analyse dieser komplexen Situation ist die grobe Kategorie des »Ausgegrenzten« nicht besonders hilfreich.

Ausgegrenzt sind diese Vorstadtjugendlichen auch in dem Sinne nicht, dass sie von der französischen Dominanzkultur ausgeschlossen wären. Trotz eines gewissen Bikulturalismus als Erbe ihres familialen Milieus ist ihre Grundkultur eindeutig französisch. In einer 1992 durchgeführten Erhebung unter algerischen Jugendlichen erklärten 87 Prozent der Befragten, dass ihre Muttersprache Französisch ist; nur 28 Prozent verstanden nach eigenem Bekunden Arabisch oder eine Berbersprache (wohingegen 49 Prozent der Jugendlichen portugiesischer und 70 Prozent der Jugendlichen spanischer Herkunft erklärten, dass sie die Muttersprache ihrer Eltern verstünden). Gleich ihren »einheimischen« Altersgenossen sind die algerischstämmigen Jugendlichen auch überwiegend »Laizisten«: 68 Prozent von ihnen erklärten, dass sie keine Religion hätten oder ausüben würden, fast der gleiche Anteil wie bei den Jugendlichen metropolitaner Herkunft (70 Prozent).[9]

Begreift man Kultur als die Gemeinsamkeit von Werten und Lebensweisen, wird man zwischen den Vorstadtjugendlichen und Jugendlichen ganz allgemein auch eine starke Homogenität erkennen. Wenn man überhaupt von einer »Vorstadtkultur« sprechen kann, ist sie jedenfalls nicht mit dem zu vergleichen, was die Anthropologen als »Kultur der Armut« bezeichnen: eine in einem geschlossenen Raum stattfindende Produktion und Reproduktion der Ziele, Verhaltens- und Lebensweisen der am stärksten benach-

---

8 Bachmann/Le Guennec, Violences urbaines, S. 488.

9 Marie-Claude Blanc-Chaléard, Histoire de l'immigration, Paris 2001, S. 106.

teiligten Milieus.[10] Im Gegenteil, die Vorstadtjugendlichen teilen zum größten Teil die Werte und Ziele der Gesellschaft, insbesondere (und in einem eher übertriebenen Maße) den Geschmack am Konsum, das Interesse an Geld und äußeren Zeichen des Reichtums. Die meisten streben nach einem »ganz gewöhnlichen« oder »normalen« Leben, das den Werten der Mittelschicht entspricht: eine Familie zu gründen, Kinder zu haben, in gutsituierten Verhältnissen zu leben und dem zu entsprechen, womit man im Leben Erfolg hat.[11] Auch auf ästhetischer Ebene teilen sie den musikalischen Geschmack und die kulturellen Interessen ihrer Altersgruppe oder zumindest die der breiten Bevölkerung. Die Grenze zwischen den »Vorstadtjugendlichen« und den Jugendlichen ganz allgemein ist so durchlässig, dass Innovationen der Straßenkultur, wie etwa der Rap, von der kommerziellen Kultur hervorragend aufgenommen und zu ihren festen Bestandteilen werden. Mit Cyprien Avenel könnte man ganz allgemein sagen, dass der Großteil dieser Jugendlichen »die wirtschaftliche Prekarität unter den Füßen und die kulturelle Welt der Mittelschichten im Kopf« hat.[12]

Wir sehen, auf welchen Vereinfachungen jene gleichwohl verbreiteten Diskurse beruhen, die diese Jugendlichen sozusagen mit wilden Stämmen gleichsetzen, die außerhalb der Gesellschaft stehen oder zumindest in einer »arabisch-muslimischen« Welt verschanzt sind, die der französischen Kultur vollständig fremd ist. In Wirklichkeit sind sie weithin geprägt von dieser Kultur, die in hohem Maße auch die der Heranwachsenden ihrer Generation ist, die Kultur der Moderne, und sie sind so wenig in eine muslimische Kultur eingeschlossen, dass, um das Beispiel der Jugendlichen algerischer Herkunft noch einmal aufzunehmen, mehr als drei Viertel von ihnen nicht einmal Arabisch sprechen und fast drei Viertel ein ebenso distanziertes Verhältnis zur Religion haben wie die jungen Christen ihrer Generation. Aus vielfältigen Gründen haben sie, anders als vielleicht ihre Eltern, nicht das Bedürfnis nach einer »Rückkehr in ihre Heimat«, die nie ihre Heimat gewesen ist. Wenn

---

10 Oscar Lewis, Die Kinder von Sanchez. Selbstporträt einer mexikanischen Familie, dt. von Margarete Bormann, Göttingen 1989.

11 Avenel, Sociologie des quartiers sensibles.

12 Ebenda, S. 58.

sie ein Heimatland haben, dann Frankreich, und wenn es ihnen dort nur selten gelingt, als vollwertige Bürger akzeptiert zu werden, dann sind sie gewiss nicht die Einzigen und auch nicht in erster Linie dafür verantwortlich. Gewiss gibt es in den Vorstadtsiedlungen Einzelne und kleine Gruppen von Jugendlichen, die nur herumlungern und ihre Opposition gegenüber den herrschenden Normen in aggressiven und oftmals delinquenten Formen bekunden. Es zeugt aber von Uninformiertheit oder Böswilligkeit, wenn man diese asozialen Verhaltensweisen zum allgemeinen Interpretationsmodell für »die Vorstadtjugendlichen« macht.

Das Problem dieser Jugendlichen ist also nicht, dass sie *außerhalb* der Gesellschaft stehen. Das ist weder in Bezug auf den von ihnen bewohnten Raum der Fall (die Vorstadtsiedlung ist kein Ghetto) noch in Bezug auf ihren Status (viele sind französische Bürger und keine Ausländer). Sie befinden sich aber auch nicht *innerhalb* der Gesellschaft, weil sie darin keine anerkannte Stellung einnehmen und viele von ihnen offenbar nicht in der Lage sind, sich eine solche Position zu verschaffen. Wenn es eine Revolte der Verzweiflung gegeben hat, dann in der Überzeugung, keine Zukunft zu haben, der notwendigen Mittel beraubt zu sein, um als vollwertige Gesellschaftsmitglieder zu gelten. Ihr Exil ist ein inneres, das sie dazu führt, ihr Verhältnis zu den Möglichkeiten und Werten, die die französische Gesellschaft für sie verkörpert, negativ, in Form von unerfüllten Erwartungen zu leben. Das ist die paradoxe Situation, die wir genauer begreifen müssen: Sie sind Bürger, leben auf französischem Staatsgebiet, werden aber trotzdem anders behandelt und abqualifiziert.

Die Ungleichbehandlung der ethnischen Minderheiten

Liberté, égalité, fraternité, mais pas dans les cités[1] – dieser Slogan, der bei den nächtlichen Unruhen immer wieder zu hören war, bringt die Entrechtung zum Ausdruck, der sich diese Jugendlichen ausgesetzt fühlen. Was steckt genau dahinter? Sie sind nicht die Einzigen, die sich über die Missstände der französischen Gesellschaft beklagen können. Wie wir schon betont haben, wird die Banlieue von der neuen Problematik der sozialen Frage erfasst, die durch Phänomene wie Massenarbeitslosigkeit, Disqualifizierung großer Teile der unteren Bevölkerungsschichten, Prekarität als neuem Arbeitsverhältnis, Pauperisierung bestimmter Arbeitnehmerkategorien sowie zunehmende soziale Unsicherheit charakterisiert ist. Die Banlieue stellt diesbezüglich keine monströse Ausnahmeerscheinung dar, da diese Problematik die gesamte französische Gesellschaft durchzieht, doch ist sie durch diese Konstellation überdeterminiert und die revoltierenden Jugendlichen sind in besonderer Weise davon geprägt. Wie vielen anderen Angehörigen der unteren Bevölkerungsschichten, die sich im sozialen Abstieg befinden, ist ihnen klar, dass Arbeit knapp ist, ihre Lebensverhältnisse nicht rosig sind und schulischer Erfolg keinen gesellschaftlichen oder beruflichen Erfolg garantiert. Doch zu dem Unglück, arm zu sein und keine gesicherte Zukunft zu haben, kommt ein tiefes Gefühl der Ungerechtigkeit hinzu: Die Jugendlichen stellen fest, dass sie nicht gleich behandelt werden, wenn es diese Situation zu bewältigen gilt. Die soziale Not wird durch einen ethnisch-rassischen Faktor verstärkt, durch den sie in eine Logik negativer Diskriminierung hineingeraten. So ließe sich die Reaktion der Vorstadtjugendlichen zumindest teilweise als eine gegen das erlittene staatsbürgerliche Defizit gerichtete Revolte begreifen. In einer Gesellschaft, die die Rechts- und Chancengleichheit aller Bürger proklamiert, erleben sie Tag für Tag aufgrund ihrer Differenz in ent-

---

1 »Freiheit, Gleichheit, Brüderlichkeit, aber nicht in den Vorstädten!«

scheidenden Bereichen des gesellschaftlichen Lebens eine nicht zu rechtfertigende Behandlung.

Diskriminierung durch Polizei und Justiz

Das Verhältnis zu den »Ordnungskräften« ist der häufigste und sichtbarste Ausdruck dieser Ungleichbehandlung. Zusammenstöße mit der Polizei waren die Auslöser aller städtischen Gewaltausbrüche, die in Frankreich vom Sommer 1981 (in Les Minguettes bei Lyon) bis zum Herbst 2005 zu beobachten waren. Neben diesen Zuspitzungen sind Reibereien mit der Polizei praktisch alltäglich und machen sich meist an ethnischen Unterscheidungsfaktoren fest: permanente Identitätskontrollen aufgrund des Aussehens, Misshandlungen und Inhaftierungen, bei denen manchmal rassistische Bemerkungen fallen, polizeiliche Übergriffe, die nur sehr selten geahndet werden, und so weiter. Das Verhältnis dieser Jugendlichen zur Polizei ist der Kristallisationskern ihrer »Wut« aufgrund der angesammelten Frustrationen, der zahlreichen Erfahrungen der Demütigung, die sie gelehrt haben, dass es beim Umgang mit Menschen im öffentlichen Raum zweierlei Maß gibt.

Es geht nicht darum, die Polizei zu kriminalisieren oder ihre Anwesenheit in den Problemgebieten in Frage zu stellen. Die Provokationen können bei diesen oft böse endenden Räuber-und-Gendarm-Spielen von beiden Seiten ausgehen.[2] Nach wie vor sind die »Ordnungskräfte« nur der bewaffnete Arm eines Staatsapparats, der zur Niederschlagung von lokalen Unruhen von außen einmarschiert, und es ist noch längst nicht gelungen, die Polizei zu einem wirklichen öffentlichen Dienst zu machen, der vor Ort fest integriert ist.[3] Eine solche Reorganisation des Polizeidienstes

---

2 Als ausgewogene Untersuchung zum Verhältnis dieser Jugendlichen zur Polizei vgl. Fabien Jobard, »Sociologie politique de la ›racaille‹«, in: Lagrange/Oberti (Hg.), Émeutes urbaines et protestations, S. 59–79.

3 Siehe das Gespräch mit Dominique Monjardet, »La crise de l'institution policière ou comment y faire face«, in: *Mouvements,* Nr. 44, März/April 2006, S. 67–77; vgl. auch Laurent Mucchielli, »Il faut changer la façon de

würde nicht nur das, mit Dominique Monjardet gesprochen, »strukturell schwierige« Verhältnis zwischen Jugendlichen und Polizei verbessern. Nur dadurch könnte auch der Schutz aller Bewohner dieser Stadtteile gewährleistet werden, die in einer allseits beklagten Unsicherheit leben, die zu bekämpfen die »Ordnungskräfte« bei ihrer jetzigen Organisation nicht imstande sind. Das Abrücken von einer »bürgernahen« Polizeiarbeit, wie sie die Regierung der pluralen Linken einführen wollte, zugunsten einer »ergebnisorientierten« Linie nach dem Mehrheitswechsel von 2002 hatte zweifellos fatale Folgen. So schwer dies auch zu verwirklichen ist, nur eine wirklich bürgernahe Polizei könnte bei der Durchführung ihrer Aufgaben Prävention und Repression miteinander verbinden.[4] Natürlich sind die aufgrund ihrer ethnischen Zugehörigkeit diskriminierten Jugendlichen nicht allesamt Unschuldslämmer. Sie können aber, ob unschuldig oder nicht, ein tiefes Gefühl der Ungerechtigkeit verspüren, wenn ihre Gleichheit vor dem Gesetz gerade von den Gesetzeshütern missachtet wird.

Ähnlich verhält es sich mit dem Verhältnis zur Justiz, der anderen hoheitlichen Gewalt, mit der sie Bekanntschaft machen. Bei den Verurteilungen wegen »Beleidigung, Widerstand und Gewalt gegen Vertreter der Staatsgewalt« zeigt zum Beispiel eine Erhebung auf der Basis von 1800 Fällen, dass längere Haftstrafen zu 25 Prozent gegen Angeklagte »nordafrikanischen Typs« (nach polizeilichem Sprachgebrauch) und nur in 10 Prozent der Fälle gegen Angeklagte »europäischen Typs« verhängt wurden.[5] Beson-

---

›faire la police‹ dans les ›quartiers sensibles‹«, in: Banlieues, lendemains de révolte, Paris 2006, S. 93–106.

4 Zu den komplexen Fragen bürgernaher Polizeiarbeit, aber auch zu den damit verbundenen Hoffnungen vgl. Sébastien Roché, Police de proximité. Nos politiques de sécurité, Paris 2006.

5 Vgl. Fabien Jobard, »Police, justice et discriminations raciales«, in: Didier Fassin/Éric Fassin (Hg.), De la question sociale à la question raciale?, Paris 2006, S. 211–229. Man muss präzisieren, dass den »nordafrikanischen« Angeklagten schwerere Delikte angelastet wurden (eher Tätlichkeiten als Beleidigungen, noch dazu häufiger von Rückfalltätern oder Beschäftigungslosen verübt, was das Strafmaß verschärft). Eine weitere von Fabien Jobard referierte Erhebung zeigt, dass Vertreter des »nordafrikanischen« Typs häufiger verhaftet und häufiger vor Gericht

ders kurzen Prozess machte die Justiz häufig auch bei den Vergehen im Rahmen der Ereignisse vom Herbst 2005. Die Praxis einiger ständig tagender Gerichte, die im Schnellverfahren Gefängnisstrafen für Delikte verhängten, die auch als Ordnungswidrigkeiten hätten durchgehen können, wurde als »Kahlschlagjustiz« *(justice d'abattage)* bezeichnet.[6]

Ganz generell bilden aber diese Jugendlichen mit Eltern maghrebinischer Herkunft bezüglich der Straffälligkeit eine besondere Risikogruppe, und das in einem erstaunlichen Ausmaß. In der Altersgruppe der 18- bis 24-Jährigen haben 39,9 Prozent der inhaftierten Jugendlichen einen im Maghreb geborenen Vater, gegenüber 38,8 Prozent mit einem in Frankreich geborenen Vater. Wenn man bedenkt, dass nur 8,5 Prozent der Eltern im Maghreb und 75,5 Prozent in Frankreich geboren sind, ist der Anteil jugendlicher Häftlinge mit einem im Maghreb geborenen Vater zehnmal so hoch wie derjenige der Häftlinge mit einem in Frankreich geborenen Vater. Nimmt man hinzu, dass auch Eltern maghrebinischer Herkunft in Frankreich geboren sein können, wird das Verhältnis zwischen Inhaftierungsrate und maghrebinischer Herkunft noch enger. »Bei den inhaftierten ›Muslimen‹ handelt es sich vor allem um männliche Vorstadtbewohner (nur sehr wenige Frauen), von denen die ›Jugendlichen‹ (15 bis 35 Jahre) die große Mehrheit bilden«, konstatiert Farhad Khosrokhavar anhand dieser Statistiken der Justizvollzugsdirektion. »Bleibt die Tatsache: diejenigen mit Eltern maghrebinischer Herkunft sind weit überrepräsentiert.«[7]

Wir wollen keineswegs sagen, dass diese Begegnungen mit der Justiz allesamt Ungerechtigkeiten darstellen. Solche Statistiken werden häufig auch in gegenteiliger Absicht dazu benutzt, auf die hohe Zahl von Straftätern unter den Vorstadtjugendlichen mit Migrationsherkunft hinzuweisen, und diese Überrepräsentation ist nicht zu bestreiten. Statt die ganze Bevölkerungsgruppe mit

---

gestellt werden. Die diskriminierende Behandlung wird also durch das gesamte »Räderwerk der Justiz« hervorgebracht.

6 Vgl. Evelyne Sire-Marin, »L'État d'urgence, rupture de l'État de droit ou continuité des procédures d'exception?«, in: *Mouvements*, Nr. 44, März/April 2006, S. 78–82.

7 Farhad Khosrokhavar, L'Islam dans les prisons, Paris 2004.

potentiellen Straftätern gleichzusetzen, können diese Daten aber auch deutlich machen, dass diese Jugendlichen, auch die Mehrheit derer, die sich nichts vorzuwerfen haben, in ihrem Alltagsleben die Allgegenwart von Polizei und Justiz erfahren. Durch das, was einem Familienangehörigen, Freund oder Nachbarn widerfahren ist und was sie selbst an Ausweiskontrollen und Verhaftungen zu befürchten haben, auch wenn sie unschuldig sind, steht ihr Verhältnis zu Polizei und Justiz unter dem Zeichen einer ständigen Bedrohung. Obwohl der Rechtsstaat alle seine Bürger schützen und den inneren Frieden gewährleisten soll, haben die Jugendlichen in den Banlieues mit seinen Vertretern zumeist schlechte Erfahrungen gemacht.

Diskriminierung in Beschäftigung und Beruf

Auf eine ähnliche Ungleichbehandlung stößt man im Bereich der Beschäftigung. Diese Art von Diskriminierung ist in Frankreich gesetzlich verboten (nach dem Gesetz von 16. November 2001, das die Diskriminierung aufgrund des »Aussehens« oder des »Familiennamens« untersagt, sowie nach dem französischen Arbeitsrecht, Art. I, 122–149). Sie ist aber sehr häufig anzutreffen, wenngleich schwer zu beziffern, weil diese Gründe kaum offengelegt werden (siehe Anhang 1). Man hat nichtsdestoweniger festgestellt, dass die Arbeitslosenquote bei 24- bis 29-jährigen Jugendlichen algerischer Herkunft etwa dreimal so hoch war wie bei Jugendlichen portugiesischer Herkunft (1990: 35 Prozent gegenüber 12 Prozent).[8] Ein weiteres Indiz: Bestimmte Sozialwohnungsviertel mit den höchsten Migrantenanteilen, die im November 2005 besonders von sich reden machten, vermelden bei den 15- bis 24-Jährigen exorbitante Arbeitslosenraten: 41 Prozent in La Grande Borne im Pariser Vorort Grigny, 54 Prozent in La Reynerie und Bellefontaine, zwei Hochhaussiedlungen in Toulouse.[9] Man kann natürlich

---

8 Jean-Luc Richard, Partir ou rester? Les destinées des jeunes issus de l'immigration étrangère en France, Paris 2004, S. 157.

9 Stéphane Beaud, »L'insertion professionnelle en question«, in: *Regards sur l'actualité,* Nr. 319, März 2006, S. 28.

nicht genau unterscheiden, was bei diesen traurigen Rekorden auf das Konto der ethnischen Herkunft geht und was auf Schulversagen zurückzuführen ist, da sich beide Benachteiligungen, wie wir noch aufzeigen werden, summieren. Doch bei denjenigen, die die schulische Hürde gemeistert und einen Abschluss gemacht haben, ist die ethnisch-rassische Diskriminierung ebenfalls evident. Eine in Roubaix durchgeführte Erhebung unter 500 Abiturienten, die von Sozialhilfe (RMI) leben, hat ergeben, dass diese zu 90 Prozent arabische Namen haben. Ein von der Diskriminierungs-Beobachtungsstelle der Universität Paris-I durchgeführtes »Testing« anhand von 1806 Bewerbungen auf Stellenangebote zeigt, dass bei insgesamt 261 positiven Antworten ein in Paris wohnhafter Bewerber mit französischem Vor- und Nachnamen 75-mal zu einem Vorstellungsgespräch eingeladen wurde, während ein Bewerber mit maghrebinischem Namen, aber ansonsten gleichen Merkmalen, nur 14 Einladungen erhielt (siehe Anhang 2).[10]

Man hat deshalb von einem »unsichtbaren Deckel« gesprochen, der die Einstellungschancen und Aufstiegsmöglichkeiten von Einwandererkindern blockiert, auch wenn sie hochqualifiziert sind (siehe Anhang 3). Wie Stéphane Beaud feststellt, hat die Arbeitslosigkeit derer, die einen Schul- und Ausbildungsabschluss haben, verheerende Auswirkungen auf die Jüngeren, die durch das Scheitern der älteren Brüder oder des Vaters soziale Hoffnungslosigkeit bereits erfahren haben. Schon in jungen Jahren verfügen sie vom Hörensagen über empirisch fundierte Kenntnisse zur Lage auf dem Arbeitsmarkt. Das No-Future-Gefühl ist für sie keine abstrakte Idee.

Überdies ist es nicht damit getan, diese Hindernisse zu überwinden und eine Beschäftigung zu finden, um im Arbeitsleben voll akzeptiert zu sein. Die negative Diskriminierung wirkt sich auch am Arbeitsplatz aus, sie kann das Verhältnis zwischen den Arbeitskollegen vergiften und Berufswege blockieren. Der Betrieb, der keine kollektiven Solidaritätsgefühle und klassenspezifischen Gemeinsamkeiten mehr kennt, in dem die Konkurrenz zwischen Gleichen im Zeichen drohender Arbeitslosigkeit herrscht,

---

10 Vgl. Patrick Weil, La République et sa diversité. Immigration, intégration, discriminations, Paris 2005, S. 78.

stempelt den Einwanderer oder das Einwandererkind wegen seiner Andersartigkeit ab – auch bei gleicher Qualifikation sind sie weniger gleich. Zumeist auf die untergeordnetsten und prekärsten Tätigkeiten verwiesen, müssen sie häufig noch fragwürdige Witze und Ablehnungsreaktionen ertragen.[11] In dieser Hinsicht können sie noch schlimmer dran sein als frühere Einwanderergenerationen, deren Existenz schon wenig beneidenswert war. Doch damals konnte sich der eingewanderte Arbeiter wenigstens mit der Arbeiterklasse identifizieren und, zumindest teilweise, deren Solidaritäten und Werte teilen.[12] In einer Arbeitswelt, die mehr und mehr dem Kampf aller gegen alle preisgegeben ist, haben die Einwanderer und alle anderen, die dem Rassismus ausgesetzt sind, in der Konfrontation mit der Arbeitsverknappung die schlechtesten Karten. Das gilt sowohl für die Chance, eine Beschäftigung zu finden, wie auch für die Möglichkeit, sie zu behalten und weiterzukommen.

Mit einem Wort von Hannah Arendt, das in anderem Zusammenhang formuliert wurde, könnte man heute viele Einwandererkinder als »Arbeiter ohne Arbeit« bezeichnen, »das heißt ohne die einzige Tätigkeit, die ihnen bleibt«.[13] »Was könnte verhängnisvoller sein?«, fügt sie hinzu. Sie sind in der Tat »Arbeiter« oder müssen es werden, weil Arbeit für sie der einzige Weg ist, für ihre Bedürfnisse aufzukommen, zumindest mit legitimen Mitteln.[14] Viele von ihnen werden aber »Arbeiter ohne Arbeit« sein oder zukünftige Arbeiter ohne Arbeit, weil sie genau wissen, dass ihre Chancen, eine richtige Arbeit zu finden, von Anfang an durchkreuzt werden. Die Unterschiede im Zugang zum Arbeitsmarkt, die Statistiken zum Vorschein bringen (zum Beispiel dreimal mehr junge Arbeitslose maghrebinischer als portugiesischer Herkunft), können von

---

11 Philippe Bataille, Le Racisme au travail, Paris 1997.

12 Gérard Noiriel, Longwy. Immigrés et prolétaires, Paris 1984.

13 Hannah Arendt, The Human Condition, Chicago 1958, S. 5 (in der von Arendt verfassten deutschen Ausgabe anders formuliert; A. d. Ü.).

14 Das sind natürlich nicht die einzigen Mittel, und keine »anständige« Arbeit zu haben, ist der Hauptgrund für die Entwicklung einer Schattenwirtschaft auf der Basis von zweifelhaften Deals und Kriminalität, die schwer zu beziffern, aber von beträchtlichem Umfang ist und eine Kultur der Gewalt nährt.

existenzieller Bedeutung sein, denn keine Arbeit zu haben kann einem sozialen Todesurteil gleichkommen oder in eine kriminelle Karriere münden. Darüber hinaus handelt es sich hierbei um eine Entrechtung, die im Hinblick auf das Prinzip der Gleichbehandlung aller Bürger vor dem Gesetz, eines der Fundamente der Französischen Republik, durch nichts zu rechtfertigen ist.[15]

Die Pariser Arbeiter initiierten den Juniaufstand von 1848 im Namen des Rechts auf Arbeit, weil sie glaubten, dass »das Recht auf Arbeit das Recht ist, von seiner Arbeit zu leben«.[16] Die jugendlichen Aufrührer steckten nicht im Namen des Rechts auf Arbeit Autos in Brand, und eigentlich stellten sie überhaupt keine Forderungen. Im Unausgesprochenen ihrer Revolte darf man aber durchaus ihre Frustration und ihr Gefühl der Entmutigung und Ohnmacht angesichts der Ungerechtigkeit vernehmen, die ihnen in dieser Hinsicht angetan wurde und die eine objektive Realität ist.

Bildungsbarrieren

Könnten wir diese Vorstadtjugendlichen auch als »Schüler ohne Schule« bezeichnen? Hier muss die Analyse differenzierter ausfallen. Die republikanische Schule grenzt nicht aus, sondern nimmt alle Schüler einer Altersklasse unterschiedslos auf, und das ehrt sie. Sie sondert aber diejenigen wieder aus, die sie nicht integrieren kann, und hier ist die Auswahl nicht zufällig. So hatten von den Schülern, die im Jahre 1998 die Schule ohne Abschluss verließen, 43 Prozent Eltern maghrebinischer Herkunft. Um die Tragweite dessen einschätzen zu können, muss man wissen, dass heute aufgrund der Fortschritte auf dem Bildungssektor generell nur 8 Prozent der Schulabgänger keinen Abschluss haben (gegenüber

15 Zu den langsam als Notwendigkeit begriffenen, aber noch sehr zaghaften Maßnahmen gegen die Diskriminierung in Beschäftigung und Beruf vgl. Jacques Le Goff, »Lutter contre les discriminations à l'embauche«, in: *Esprit,* Februar 2006, S. 218–221.

16 Félix Pyat in seinem Plädoyer für das Recht auf Arbeit vor der Nationalversammlung am 2. November 1848; zit. n. Maurice Agulhon, Les Quarante-Huitards, Paris 1975, S. 184.

20 Prozent im Jahre 1976). Die jungen Maghrebiner sind also zunächst einmal in der Schule unter den am stärksten Benachteiligten deutlich überrepräsentiert, aber diese Benachteiligung belastet ihr ganzes Berufsleben. Sie finden entweder gar keine Arbeit (40 Prozent der Schulabgänger ohne Abschluss waren im Jahre 2004 arbeitslos) oder üben die unqualifiziertesten, schlechtestbezahlten und prekärsten Tätigkeiten aus (siehe Anhang 4). Da sich der Anteil unqualifizierter Beschäftigungen aufgrund der Veränderungen des Arbeitsmarkts erheblich verringert hat, stellen die Arbeitgeber dafür lieber Besserqualifizierte ein, was die Unqualifizierten ans Ende der Arbeitslosenschlange verbannt. »Wehe den Besiegten des Bildungssystems!«[17] Ein Leben in Arbeitslosigkeit oder Prekarität beginnt oft damit, dass man in der Schule den Anschluss verliert – sofern diese Jugendlichen, die in der Arbeitswelt keine Zukunft haben, nicht auf so zufällige und unattraktive Jobs dankend verzichten und sich für die Untergrundökonomie und eine kriminelle Laufbahn »entscheiden«.

Aber selbst wenn die Jugendlichen mit Migrationshintergrund durch ihr Verhältnis zur Schule oftmals gehandicapt sind, stehen sie deren Werten nicht fremd gegenüber. Sie haben die Schule besucht und sind keine ungebildeten »Wilden«, sondern die Ausschussprodukte des Bildungsbetriebs. Wie erlebt man eine solche Situation, wenn nicht als Frustration und manchmal mit ohnmächtiger Wut, den versäumten Chancen nachtrauernd? In Frankreich ist heute fast jeder mehr oder weniger von der Überzeugung geprägt, dass schulischer Erfolg der Königsweg zu sozialem Aufstieg und gesellschaftlicher Integration ist. Deshalb tut die Mittelschicht alles, um ihren Nachkommen die größtmöglichen Bildungschancen zu sichern. Die Jugendlichen aus benachteiligten Schichten, insbesondere aus dem Einwanderermilieu, haben vielleicht die gleichen Ziele, machen aber oft genug die Erfahrung, dass sie sie nicht verwirklichen können. Die Schule funktioniert weiterhin nach dem republikanischen Prinzip der Chancengleichheit und des leistungsbezogenen Aufstiegs, kann aber nicht die notwendige Gleichheit der sozialen Gruppen gewährleisten, damit dieses Ziel auch ver-

17 Beaud, »L'insertion professionnelle en question«.

wirklicht wird. Sie muss also gerade diejenigen enttäuschen, die an sie glauben, aber nicht die richtigen Karten haben, um das von ihr vorgegebene Spiel mitspielen zu können.

Dieser Gefahr sind in besonderem Maße Jugendliche mit Migrationshintergrund ausgesetzt. Einwandererfamilien bringen am wenigsten die nötigen Voraussetzungen für den Schulerfolg mit, es fehlt oft die Nähe von schulischer und familiärer Kultur und die nötige Vertrautheit mit dem Bildungssystem, um die richtigen Bildungswege zu wählen, oder die Möglichkeit, ein Modell für den durch schulische Leistung bedingten Erfolg zu sein. Unter diesen Bedingungen ist es nicht weiter erstaunlich, dass ihre Kinder häufig selbst eine Distanz zum Bildungswesen verspüren, sich auf dessen Anforderungen schlecht einstellen können und schließlich in die unattraktivsten Bildungswege mit den uninteressantesten Perspektiven abgedrängt werden. Man kann hier nicht wirklich von Diskriminierung sprechen, weil die Schule die Kinder nicht von vornherein ausgrenzt und auch nicht aufgrund explizit ethnischer Kriterien aussondert. Es handelt sich um einen gesellschaftlichen Mechanismus, der im Prinzip in allen gesellschaftlichen Gruppen wirksam ist und auch andere soziale Schichten benachteiligt, die unteren Schichten ganz allgemein. Er entspricht dem »alten« Muster, das Bourdieu und Passeron in den 1960er Jahren aufgedeckt haben,[18] das aber nie so aktuell war wie heute (siehe zum Beispiel die sozialen Rekrutierungsmechanismen der Grandes Écoles oder der École Nationale d'Administration). Der wichtigste Unterschied im Vergleich zu vor 40 Jahren besteht darin, dass der schulische Adressatenkreis größer und im Hinblick auf seine soziale Zusammensetzung heterogener geworden ist und dass es aufgrund der Entwicklung des Arbeitsmarkts heutzutage gravierender ist, keine Schulabschlüsse zu haben. Die Bewerber werden immer zahlreicher, der Wettbewerb immer schwieriger, und die Verlierer sind am Ende tatsächlich verloren, weil es heute ein viel größeres Manko ist, gänzlich unqualifiziert oder unterqualifiziert dazustehen. Die

---

18 Pierre Bourdieu/Jean-Claude Passeron, Die Illusion der Chancengleichheit, dt. von Barbara und Robert Picht, Stuttgart 1971; dies., La Reproduction. Éléments pour une théorie du système d'enseignement, Paris 1970.

größten Verlierer sind aber oft die Schüler mit Migrationshintergrund.

Dieser Mechanismus ist der Schule äußerlich, durchdringt sie aber von Grund auf und bedingt maßgeblich den Erfolg oder das Scheitern der Schüler. Die Schule hat offenbar keine Mittel gefunden, um ihn wirksam zu bekämpfen. Auch wenn es, zumindest in aller Regel, im Bildungssystem keine ethnische Diskriminierung gibt, wirkt sich der ethnisch-»rassische« Faktor als ein entscheidendes Handicap aus. Er sorgt dafür, dass die Schüler mit Migrationshintergrund, die noch dazu in den unbeliebtesten Einrichtungen überrepräsentiert sind (40 Prozent der eingewanderten oder von Einwanderern abstammenden Schüler drängen sich in 10 Prozent der Collèges[19]), heftiger als andere die Kluft zwischen der versprochenen Chancengleichheit für alle und der Möglichkeit ihrer Realisierung erleben, für die sie die schlechtesten Voraussetzungen mitbringen.

Natürlich ist es nicht gerechtfertigt, dass Schulen in Brand gesteckt werden. Auch eine offenkundig unsinnige Tat wird aber kaum grundlos begangen und hat vielleicht zu bedeuten, dass der Täter keinen Ausweg sieht. Arbeiter tasten in sozialen Konflikten ihre Arbeitsinstrumente in der Regel nicht an, sofern sie sich nicht in einer verzweifelten Lage befinden, die ihnen alle Zukunftsaussichten verbaut. Eine solche Hoffnungslosigkeit können Schüler verspüren, die feststellen, dass ihre durch die Schule geschürten Erwartungen leere Versprechungen bleiben. Darin zeigt sich ein gravierendes Scheitern des Bildungssystems, das uns zu denken geben sollte, damit wir den Widerspruch einer Schule überwinden, die allen sehr viel verspricht, aber nur manchen viel gibt und anderen sehr wenig. Die Schule spielt zusammen mit dem beruflichen Status sicherlich eine entscheidende Rolle, wenn es darum geht, die Integration der Bürger einer Nation zu befördern, und sie hat ihre Leistungsfähigkeit in der Dritten Republik unter Beweis gestellt. Festzuhalten ist jedoch, dass diese Institution heute Mängel aufweist, und die gravierendsten Mängel zeigen sich in Bezug auf jene Bevölkerungsschichten, die ethnischen Minderheiten angehören. Ihre Situation ist auch durch eine Entrechtung gekennzeichnet,

19 Entsprechen etwa den Realschulen (A. d. Ü.).

wenn man bedenkt, dass sich das Recht auf Bildung in einem Recht auf gleiche Chancen für alle vom Bildungssystem Aufgenommenen ausdrücken müsste.[20]

Stigmatisierung der Religionszugehörigkeit

Wir haben versucht, ohne Anspruch auf Vollständigkeit (man könnte zum Beispiel auch die Diskriminierung bei der Wohnungssuche ansprechen[21]) einige Bereiche durchzugehen, in denen die Tatsache, als Jugendlicher einer ethnischen Minderheit anzugehören, als Handicap und manchmal auch als Stigma wirkt: im Verhältnis zu Polizei und Justiz, in Bezug auf Arbeitssuche, Beschäftigungssicherheit und berufliches Weiterkommen, in der Schule und beim Schulerfolg. Zumindest noch ein weiteres Element der Disqualifizierung ist hinzuzufügen, das nicht speziell die Jugendlichen betrifft, dessen Opfer aber auch sie sind: die Gleichsetzung der ethnisch-rassischen Zugehörigkeit mit dem Islamismus, mit all den negativen Bedeutungen, die dieser Begriff im gegenwärtigen Kontext angenommen hat.

Seit einigen Jahren erleben wir, wie die Rede von einem »Vordringen des Islamismus« und den damit verbundenen Gefahren für die Einheit der Republik und die republikanischen Werte um sich greift. Der Islamismus sei die Extremform des Kommunitarismus und negiere die für die französische Nation grundlegenden Prinzipien der Freiheit der Person und der Gleichheit der Bürger vor dem Gesetz. Besonders die Banlieues seien auf dem besten Wege, dem Islamismus in die Hände zu fallen; ihre Revolte sei Ausdruck eines

20 Gerade hier könnte der Begriff »positive Diskriminierung« einen unbestreitbar positiven Sinn bekommen und sogar einer Notwendigkeit entsprechen. Sie wurde in Frankreich durch die Einrichtung von Bildungsförderungsgebieten (ZEP) in Angriff genommen, deren Resultate (wie die der französischen »Stadtpolitik«) umstritten sind. Wir kommen darauf im letzten Kapitel zurück.

21 Siehe zu diesem Punkt z.B. Fedicha Belmessous u.a., Les minorités de la République. La discrimination au logement des jeunes générations d'origine immigrée, Paris 2006.

religiösen Extremismus, der den weltanschaulichen Pluralismus in Frage stellt und die Institutionen der weltlichen Kultur und der persönlichen Rechte (insbesondere der Frauen) angreift. Diese Äußerungen kommen sowohl von der extremen Rechten wie auch von jenen Ideologen, die man als »republikanische Fundamentalisten« bezeichnen könnte, denn ihre Engstirnigkeit steht der bei den islamischen Fundamentalisten angeprangerten nicht nach.[22] Schon vor dem November 2005 diagnostizierten selbsternannte Experten die Unruhen in den Problemgebieten als eine durch religiösen Fanatismus geleitete »Vorstadtintifada«.[23] Nach den Ereignissen grenzten die Verdammungen zuweilen an Hysterie.[24]

---

22 Vgl. François Gèze, »Les intégristes de la République et les émeutes de novembre«, in: *Mouvements*, Nr. 44, März/April 2006, S. 88–100. Das Interview mit Alain Finkielkraut in der israelischen Tageszeitung *Haaretz* gibt eine Kostprobe von dieser Haltung (dt.: »Ein Pogrom gegen die Republik. Der Philosoph Alain Finkielkraut über die gewalttätigen Krawalle in Frankreichs Vorstädten«, in: *Die Welt*, 10. Dezember 2005). Zur Kritik derartiger Positionen vgl. Thomas Deltombe, L'Islam imaginaire. La construction médiatique de l'islamophobie en France (1975–2005), Paris 2005. Die Gleichsetzung der Novemberereignisse von 2005 mit einer islamistischen Revolte gegen die republikanischen Werte wurde vor allem in vielen ausländischen Medien als willkommene Gelegenheit benutzt, auf das französische Integrationsmodell einzuschlagen. Vgl. Olivier Roy, »Intifada des banlieues ou émeutes de jeunes déclassés?«, in: *Esprit*, Nr. 320, Dezember 2005, S. 26–30.

23 Luc Rudolph/Christophe Soullez, Insécurité, la vérité, Paris 2002.

24 In dem erwähnten Sammelband von Draï/Mattéi (La République brûle-t-elle?) findet sich eine ganze Palette solcher Deutungen, die in wechselndem Verhältnis die Verteidigung der Republik mit der Stigmatisierung der islamistischen Barbarei mischen. Ich kann es mir nicht verkneifen, den Beitrag von Mezri Haddad (»Violence anomique ou violence atavique?«) zu zitieren. Die Ereignisse vom Herbst 2005 erklären sich ihm »als eine auf ein primitives Stadium regredierte Massenbewegung ohne Tabus, Gesetze oder Prinzipien, aufgeputscht durch das doppelte Gefühl von Straflosigkeit und Hass, eine Bewegung, die von Fanatismus beherrscht wird und das Zerstören und Brandschatzen als Selbstzweck betreibt« (S. 12). Das ist für diesen Philosophen die »atavistische« Last des arabisch-islamischen Erbes. Aber woher stammt der Hass? Wir können aus derselben Ecke auch das Buch von Charles Pellegrini (Banlieues en flammes, Paris 2005) anführen, der als ehemaliger Chef der Zentralbe-

Es ist aber erwiesen (und auch durch den französischen Geheimdienst bestätigt), dass die religiöse Orientierung bei der Auslösung und Entwicklung der Ereignisse vom Herbst 2005 keine Rolle gespielt hat. Es gab keine islamistischen oder antisemitischen Parolen, es wurde keine palästinensische Fahne geschwenkt, und die religiösen Führer versuchten, soweit sie sich einschalteten, die Wogen zu glätten. Die Vorstellung von einer die Banlieue überschwemmenden islamischen Flut ist eine medienwirksame ideologische Konstruktion, die mit der Realität nicht viel zu tun hat. Wir müssen betonen, wie bedenklich diese Gleichsetzung der ethnischen Zugehörigkeit mit einer Religion ist, die noch dazu unter dem Verdacht steht, dass sie unserem Zivilisationsmodell den Krieg erklärt hat. Sie widerspricht dem Laizitätsprinzip, das jeden seine Religion frei wählen und ausüben lässt. Warum sollten wir der muslimischen Religion von vornherein eine politische Vorbelastung unterstellen, die inkompatibel ist mit jener Entwicklung in die Moderne, die am Ende sehr spät und mit großen Vorbehalten auch der Katholizismus vollzog? Warum sollten wir die Zugehörigkeit zu einer ethnischen Tradition muslimischen Glaubens (derjenigen der Länder des Maghreb und bestimmter Regionen Schwarzafrikas) mit dem Islamismus gleichsetzen, im Sinne einer politisch-religiösen Bewegung, die sich nicht mit den Werten der westlichen Zivilisation im Allgemeinen und speziell der Französischen Republik verträgt? Diese Amalgame der herrschenden Islamophobie hindern daran, die Realität der komplexen Probleme, die sich durch die Präsenz der islamischen Religion und Kultur in der französischen Gesellschaft stellen, mit der gebotenen Objektivität in Angriff zu nehmen.

Natürlich ist heute in Frankreich und besonders in den Banlieues eine gewisse Ausbreitung der muslimischen Religion zu beobachten. Sie äußert sich aber in unterschiedlichen Formen, die sich nicht mit einem »Vordringen des Islamismus« gleichsetzen lassen. Die Beispiele für die Hinwendung zu einem radikalen Islamismus, der zum Terrorismus führen kann, sind Ausnahmefälle,[25] wo-

---

hörde zur Bekämpfung der Gewaltkriminalität von »grünem [hier: islamischem] Totalitarismus« und »nihilistischer Barbarei« spricht.

25 Wie der von Khaled Kelkal aus der Umgebung von Lyon, der in Terroranschläge verwickelt war und im Oktober 1995 von der Polizei erschos-

hingegen die muslimische Minderheit in Frankreich rund vier Millionen Menschen zählt. Das Bekenntnis zum Islam und die muslimische Religionsausübung können in den Vorstädten eine Möglichkeit sein, Gemeinsamkeiten zu pflegen, sozialen Schutz und Geborgenheit zu genießen, Formen von gegenseitiger Hilfe zu praktizieren oder kommunitäre Bindungen zu knüpfen, ohne dass man deshalb von einem »Kommunitarismus« sprechen kann, im Sinne der Konstitution einer »Gemeinschaft«[26] im Gegensatz zur Gesellschaft. Die religiöse Bindung wird zudem als ein moralischer Rückhalt beansprucht, was mit französischen Lebensformen völlig in Einklang steht.[27] Häufig kommt in der Treue zur oder Rückbesinnung auf die Religion der Eltern auch ein Rückzug ins Private zum Ausdruck, der sich mit Familiensinn und dem Streben nach Ehrbarkeit durch die Orientierung an traditionellen Werten verbindet. Diese Einstellung scheint zuzunehmen, während es an anderen Formen der Gemeinschaft, wie etwa der Zugehörigkeit zu einem Arbeitskollektiv oder einer politischen Organisation, fehlt.[28] Eine solche moderne »Wiederkehr des Religiösen« ist keine Eigenart der muslimischen Religion. Sie hat nichts Subversives und

---

sen wurde, oder von Zaccarias Massaoui, der sich zur Beteiligung an den Anschlägen vom 11. September bekannte.

26 Im Original deutsch (A. d. Ü.).

27 Vgl. Gilles Kepel, Les Banlieues de l'Islam. Naissance d'une religion en France, Paris 1987; Farhad Khosrokhavar, L'Islam des jeunes, Paris 1997. Siehe auch Smaïn Laacher, »L'Islam des nouveaux musulmans en terre d'immigration«, in: *Mouvements*, Nr. 38, März/April 2005, S. 50–59, der zeigt, wie stark sich das Verhältnis zur islamischen Religion durch die Einwanderungssituation wandelt. Vgl. auch das Themenheft »Les musulmans dans la modernité« der Zeitschrift *Mouvements*, Nr. 36, November/Dezember 2004.

28 Vgl. Olivier Masclet, La Gauche et les cités. Enquête sur un rendez-vous manqué, Paris 2003. Gérard Noiriel zeigt umgekehrt, dass sich frühere (insbesondere italienische) Einwanderergenerationen für die politische und gewerkschaftliche Solidarität als Zeichen der Zugehörigkeit zur Arbeiterklasse »entschieden« haben, und zwar im Gegensatz zu den religiösen Werten, die für sie mit der Rechten, den Arbeitgebern und der »Bourgeoisie« verbunden waren (vgl. Noiriel, Longwy).

bringt durch die Wertschätzung des Privaten und Familialen eher eine »kleinbürgerliche« Entwicklung zum Ausdruck.[29]

Zur Erklärung dieser vielschichtigen Konstellationen wären weitaus gründlichere Untersuchungen vonnöten. Gleichwohl widerlegt aber gerade diese Vielschichtigkeit die eindimensionale Vorstellung von einem »islamistischen Vormarsch«, der alles mitreißt und die Banlieues in islamisches Gebiet verwandelt. Das sei freilich mit der gebotenen Vorsicht gesagt. Zum heutigen Zeitpunkt ist das Schreckgespenst des »Islamismus« eine politisch motivierte Konstruktion, die zwar das Interesse der Medien findet und davon profitiert, dass einige (selbst sehr mediengewandte) Intellektuelle sich das Recht nehmen, im Namen Frankreichs zu sprechen, die aber mit der Realität der Vorstädte nicht allzu viel zu tun hat. Das muss nicht immer so bleiben. Noch sind die Banlieues keine ethnischen Territorien, sie werden aber mehr und mehr ethnisiert. Wie wir gesehen haben (und wir kommen im letzten Kapitel ausführlicher darauf zurück), gibt es eine verbreitete Neigung, soziale Probleme auf dem Wege negativer Diskriminierung als ethnische Probleme zu behandeln, wenn sie von ethnischen Minderheiten aufgeworfen werden. Die stigmatisierten Bevölkerungsgruppen sind deshalb versucht, das Stigma umzukehren und sich als Araber oder Schwarze zu affirmieren, weil sie nicht als vollwertige Angehörige der französischen Nation anerkannt werden – eine Versuchung, die die Aporien des »Rechts auf Differenz« und die Ambivalenzen des Multikulturalismus deutlich macht. Der Aufruf der »Eingeborenen der Republik« vom Januar 2005 ist Ausdruck einer solchen Haltung, deren Radikalismus zunächst einer Form von Enttäuschung entspringt (siehe Anhang 5).[30] Mit dem Weiterbestehen negativer Diskriminierungspraktiken könnte sie zunehmen, und dann wäre es möglich, dass die Vorstädte immer mehr ethnischen Enklaven gleichen, was sie heute noch nicht sind.

29 Auch Juden können aufgrund ihrer Aufnahme in die Mittelschichten ihre Religiosität umgestalten; vgl. Emmanuelle Saada, »Les territoires de l'identité. Être juif à Arbreville«, in: *Genèses*, Nr. 11, März 1993, S. 111–136.

30 Vgl. auch den vollständigen Text dieses Aufrufs »an das Tribunal des postkolonialen Antikolonialismus« im Anhang des Buches von Sadri Khiari, Pour une politique de la racaille, Paris 2006.

Kritisieren wir deshalb die schlechten Analysen der aktuellen Situation, die die ethnisch-rassische Zugehörigkeit zum Stigma machen, damit sie nicht zu sich selbst erfüllenden Prophezeiungen werden. Weisen wir insbesondere die systematische Gleichsetzung der ethnischen Zugehörigkeit mit einer Religion zurück, die gleichermaßen falsch und ungerecht ist. Sie belastet sämtliche Mitglieder dieser Gruppen (die auch Nicht-Gläubige oder Anhänger ganz unterschiedlicher Glaubensformen sein können) mit dem Verdacht, der islamistischen Bewegung anzugehören, was heutzutage einer Verurteilung gleichkommt. Diese Stigmatisierung vermittels der Religion gesellt sich zu den anderen Formen negativer Diskriminierung hinzu, die die Angehörigen ethnischer Minderheiten ohnehin schon erleiden. Sie verschärft den Konflikt um ihre ethnisch-rassische Besonderheit und verweigert ihnen die Anerkennung als Rechtssubjekte.

Vom Rand ins Zentrum

Die städtischen Gewaltausbrüche, die im Herbst 2005 einen Höhepunkt erlebten, rückten eine Kategorie von Akteuren in den Vordergrund, die man nicht einfach als Ausgegrenzte oder Randgruppen bezeichnen kann. Sie sind nicht unbedingt benachteiligter als andere, die nicht revoltiert haben (zumal sich in der »tiefen Provinz« zahlreiche Gebiete finden, die in puncto Armut, Beschäftigungs- und Wohnsituation oder staatliche Hilfen nicht besser dran sind als viele »sensible Stadtgebiete«). Wenn man ihr Verhalten verstehen will, muss man einen zusätzlichen Faktor ins Spiel bringen, nämlich ein enttäuschtes Verhältnis zu ihrem Staatsbürgertum. Ganz unabhängig von ihrer oft verheerenden sozialen Situation wollten die Aufrührer auch eine Rechnung mit der französischen Gesellschaft begleichen, der sie ihre nicht eingehaltenen Versprechungen vorwerfen. So gesehen ließe sich in den Ereignissen durchaus eine politische Bedeutung ausmachen, auch wenn sie keine klassische Form aus dem Repertoire politischen Handelns angenommen haben.

Diese Jugendlichen leiden aber nicht nur an einem Defizit an politischer Legitimität oder sozialer Ressourcen. Aufgrund ihrer Disqualifizierung machen sich an ihnen alle möglichen Ängste fest, die in der französischen Gesellschaft umgehen. Ihre soziale Randposition und die darin wirkenden Dynamiken sagen also einiges darüber aus, was sich im Kern unserer Gesellschaftsform abspielt. Wir müssen versuchen, diese Dynamik erkennbar zu machen, durch die sich die Risse im Zentrum an den Rändern manifestieren und gerade diejenigen für die gesellschaftlichen Missstände verantwortlich gemacht werden, die ihre eigentlichen Opfer sind.

Politische Illegitimität und soziale Disqualifizierung

Kann man im Namen des Rechts kriminell werden? In gewissem Sinne ja, wenn es denn stimmt, dass die Enttäuschung angesichts verweigerter Rechte oder die Forderung nach Respektierung seiner

Rechte destruktive Verhaltensformen annehmen kann. Das schien zumindest eines der Motive dieser jungen Aufrührer gewesen zu sein. Im Hinblick auf die Prinzipien Gleichheit vor dem Gesetz, Gleichheit der Chancen oder Gleichheit der Beschäftigungsmöglichkeiten sind die ethnisch-rassischen Diskriminierungen skandalös. Dass man zum Beispiel wegen seiner Hautfarbe oder seines Namens keine Arbeit bekommt, kann nicht nur als Unglück erlebt werden, sondern auch als Ungerechtigkeit und als eine Verletzung der Menschenwürde, auf die jeder ein Anrecht in einer Gesellschaft hat, die die Achtung der Person zum obersten Wert erhebt. »Wir verlangen Respekt«, war eine Forderung, die in den Banlieues immer wieder zu hören war. Die Gruppe *Banlieues-respects,* die von knapp zwei Dutzend Organisationen aus den Arbeitervierteln gegründet wurde und sich zur Sprecherin der Aufrührer machte, erklärte nach den Unruhen: »Die Gewalt bringt die Frustrationen von 30 Jahren verweigerter Anerkennung für die Bevölkerung dieser Stadtteile zum Ausdruck.«[1]

In diesem Sinne kann man den Gewalttätigkeiten eine politische Bedeutung beimessen. Gewiss haben die Aufrührer keine direkt politischen Forderungen formuliert. Sie kamen aus Bevölkerungskreisen, die nie wirklichen Zugang zu den legitimen Vertretungsorganen hatten, nicht einmal in den linksregierten Kommunen und in Parteien, deren Aufgabe es gewesen wäre, solche Jugendliche, die heute einen bedeutenden Teil der neuen *classes populaires* ausmachen, aufzunehmen und auszubilden.[2] Allerdings hat in der gesamten Geschichte noch kein Volksaufstand auf diese Art von Legitimität gewartet, um hochpolitische Ziele zu verfolgen, die auch oft zu Veränderungen in den öffentlichen Institutionen führten. Kollektive Gewalt ist die politische Ausdrucksform von Gruppen, denen die politische Anerkennung verwehrt wird. Wer nicht die Möglichkeit hat, sich qua Stimmabgabe oder Machtdelegation durch legitime Institutionen vertreten zu lassen, lässt manchmal

---

1 Vgl. Michel Kokoreff, »Les émeutiers de l'injustice«, in: *Mouvements,* Nr. 44, März/April 2006, S. 13–25.

2 Vgl. Masclet, La Gauche et les cités.

»die Steine sprechen«.[3] Abdelmalek Sayad, der wohl beste Analytiker der Einwanderungssituation und alles andere als ein Extremist, sprach bereits 1985 (allerdings gleich nach dem *Marche des beurs* für Gleichheit und gegen Rassismus von 1983 und nach einer Reihe von Bewegungen, die die Hoffnung auf Anerkennung der Einwandererjugendlichen als vollwertige Staatsbürger nährten) von der »gewalttätigsten Gewalt« einer »nicht zu Wort kommenden Jugend«, der ein politischer Ausweg verwehrt wird.[4]

Bei den Unruhen von 2005 gab es im Hinblick auf die Gewalt dieser Jugendlichen keinerlei politische Vermittlung. Es ging nur um die Aufrechterhaltung der öffentlichen Ordnung. Selbst die Organisationen der äußersten Linken hielten sich völlig heraus. Angesichts dieses Vakuums könnte man vielleicht von einer »Protopolitik« sprechen, um Aktionen zu kennzeichnen, die in Form reiner Gewalt auftreten und als perspektivloser Aktionismus erscheinen.[5] Aber das ist zu eng formuliert, weil man dann nur entsprechend klassifizierte und legitimierte Aktionsformen als Politik begreift. Man müsste zumindest hinzufügen, dass es Praktiken gibt, die zwar der Form nach außerhalb des politischen Handlungsspektrums angesiedelt sind, aber eindeutig eine politische Bedeutung haben, weil sie ein zentrales Problem publik machen und grundlegende Ungerechtigkeiten ans Licht bringen. So gesehen können scheinbar sinnlose Aktionen wie brennende Autos öffentliche Aufmerksamkeit wecken und die Allgemeinheit aufrütteln. »Je größer der finanzielle Schaden der Brände und Plünderungsaktionen, desto klarer die Botschaft«, kommentierte Lee Rainwater die gewalttätigen Ausschreitungen in den schwarzamerikanischen Ghettos der 1960er Jahre.[6]

---

3 Denis Merklen, »Paroles de pierre, images de feu«, in: *Mouvements,* Nr. 43, Januar/Februar 2006, S. 131–137.

4 Abdelmalek Sayad, »Exister, c'est exister politiquement. Pour une défense des droits civiques des immigrés«, in: *Presse et immigrés en France,* Nr. 135, November 1985, S. 1–11.

5 Vgl. Didier Lapeyronnie, »Les émeutes urbaines en France, en Grande-Bretagne et aux Etats-Unis«, in: *Regards sur l'actualité,* Nr. 319, März 2006, S. 5–14.

6 Lee Rainwater, »Open Letter on White Justice and the Riots«, in: Peter H. Rossi (Hg.), Ghetto Revolts, New Brunswick 1970, S. 124 (zit. bei Lapeyronnie, »Les émeutes urbaines ...«, S. 9).

Was war die »Botschaft« der Ereignisse vom November 2005? Sie können uns bewusst machen, welchen Stellenwert die ethnisch-rassische Diskriminierung in unserer Gesellschaft immer noch einnimmt und welche essentielle Bedeutung ihr in der gegenwärtigen Ökonomie der sozialen Verhältnisse zukommt. Trotz der offiziell bekundeten Gleichbehandlung aller Bürger werden in Frankreich bestimmte Gruppen diskriminiert, ohne dass dies dem Problem angemessene Reaktionen hervorruft. Die Republik »gewährleistet die Gleichheit aller Bürger vor dem Gesetz ohne Unterschied der Herkunft, Rasse oder Religion«, heißt es in Artikel 1 der französischen Verfassung. Das Wort »Rasse« wird in der Verfassung benutzt, in den statistischen Erhebungen, mit denen sich die in Frankreich lebenden Bevölkerungsgruppen in dieser Beziehung qualifizieren ließen, jedoch vermieden. Man verzichtet also in der löblichen Absicht, die Stigmatisierung nicht verstärken zu wollen, auf das nötige Instrumentarium, um sie erfassen und damit bekämpfen zu können. Wir können darin ein Zeichen der Verlegenheit sehen: Das republikanische Modell scheut sich, die seinen Prinzipien zuwiderlaufenden Praktiken dadurch zur Kenntnis zu nehmen, dass man sie zum Zwecke ihrer Bekämpfung zunächst sichtbar und messbar macht.[7] Dieses Vermeiden verrät zweifelsohne ein Unbehagen gegenüber der Vergangenheit der Immigration, weil diese »sichtbaren Minderheiten« die Lasten einer von der Kolonisation geprägten Geschichte tragen. Wir werden auf diese Frage nach dem Verhältnis zur Geschichte, die vielleicht die einer Erinnerungsverweigerung ist, zurückkommen müssen (siehe Kapitel »Staatsbürger oder ›Eingeborene?‹«). Die diskriminierende Behandlung dieser Bevölkerungsgruppen ist aber nicht nur eine Nachwirkung der Vergangenheit, sie prägt auch die Probleme der Gegenwart. Ethnisch-rassische Faktoren werden in die heutige gesellschaftliche und politische Landschaft integriert, um angesichts quälender gesellschaftlicher Fragen Erklärungen anzubieten und Antworten zu legitimieren. Das wird durch nichts so gut illustriert

7 Zu diesen Fragen vgl. Khalid Hamdani, »Visibles pour les discriminations, invisibles pour les statistiques«, in: *Esprit,* Nr. 320, Dezember 2005, S. 34–37; Antoine Garapon, »Diversité ethnique: le mot et la chose. Pour une révolution réaliste«, ebenda, S. 37–43.

wie durch die Bedeutung, die die aus ethnischen Gründen abgelehnten Gruppen für die Problematik der Unsicherheit eingenommen haben, die in Frankreich ins Zentrum der politischen Diskussion gerückt ist.

In der Verbreitung des Unsicherheitsgefühls kommen zwei Gruppen von Faktoren zusammen: die Zunahme der *sozialen Unsicherheit*, verursacht durch die Verschlechterung der Lebensbedingungen oder durch die in weiten Teilen der Öffentlichkeit herrschende Angst davor, und die wachsende Zahl von Übergriffen auf Personen und Sachen (*das Problem der öffentlichen Sicherheit*). Das Gefühl der Unsicherheit speist sich aus diesen zwei Quellen.[8] Während sich jedoch die Sorge um Sicherheit in der ganzen Gesellschaft verbreitet, machen sich die damit verbundenen Emotionen vorzugsweise an der Banlieue und ihrer Bevölkerung fest, speziell an den »Vorstadtjugendlichen«. Wie konnte eine Gruppe von einigen Hunderttausend Personen in der gesamten Gesellschaft zum primären Träger diffuser Bedrohung werden?

Es ist richtig, dass sich das Unsicherheitsproblem in der Banlieue verschärft, und zwar sowohl in seiner sozialen als auch öffentlichen Ausprägung. Die soziale Unsicherheit, weil sich dort, wie wir uns erinnern, die aus der Verschlechterung der Beschäftigungsverhältnisse entspringenden Unsicherheitsfaktoren vergrößern. Dieses als *la galère* bezeichnete »Joch« lässt sich als die aktualisierte Version dessen betrachten, was für das Volk früher das allen existenziellen Risiken ausgesetzte Leben »von einem Tag zum anderen« war. Richtig ist auch, dass das Problem der öffentlichen Sicherheit, die Gefahr von Übergriffen auf Personen und Sachen, in den »sensiblen Stadtteilen« größer ist. Bei allen Vorbehalten, die auf diesem Feld gegenüber Statistiken geboten sind, sind die Kriminalitätsraten in der Banlieue in der Regel doch höher, und zwar mit steigender Tendenz, vor allem seit Mitte der 1980er

---

8 Ich habe diesen Unterschied zwischen zwei Arten der Unsicherheit andernorts zu erläutern versucht, weil er mir wichtig scheint, um die inflationären Sicherheitsbeschwörungen anhand der Verwirrung zu erklären, die durch die Verquickung dieser zwei Unsicherheitsformen gestiftet wird. Vgl. Robert Castel, Die Stärkung des Sozialen. Leben im neuen Wohlfahrtsstaat, dt. von Michael Tillmann, Hamburg 2005.

Jahre.[9] Diese zwei Arten von Unsicherheit verstärken sich also wechselseitig, so dass das alltägliche Leben in den »sensiblen Stadtteilen« besonders schwierig ist, sind doch diejenigen, die in sozialer Unsicherheit leben, auch am häufigsten Opfer der öffentlichen Unsicherheit. Bekanntlich attackieren Arme mit Vorliebe andere Arme, weil sie ihnen am nächsten stehen. Es sind also gerade die schwächsten Bevölkerungsgruppen, die in diesen Stadtteilen wohnen und tagtäglich mit der Gefahr von Aggressionen, Diebstählen oder Grobheiten leben müssen.[10] Ein Grund mehr, die rosarote Brille abzusetzen und anzuerkennen, dass die Bekämpfung der Kriminalität eine absolute Notwendigkeit ist, in der Banlieue wie auch anderswo, und dass der Rechtsstaat überall den inneren Frieden zu sichern hat. Man kann nicht mit seinen Mitmenschen »in Gesellschaft leben«, wenn man der ständigen Gefahr von Gewaltakten ausgesetzt ist.

Wir müssen aber danach fragen, wie diese Erfordernisse im Rahmen aktueller Sicherheitspolitik realisiert werden und welcher Rolle dabei den ethnischen Minderheiten zugewiesen wird. In Frage steht weder die Notwendigkeit der Bekämpfung der Kriminalität noch die Tatsache, dass die ethnischen Minderheiten für deren Anstieg ihren Teil der Verantwortung tragen. Kritikwürdig ist viel-

---

9 Allgemein haben die Kriminalitätsraten seit Mitte der 1980er Jahre zugenommen, wobei man allerdings präzisieren muss, dass der Anteil von Sachdelikten (Diebstählen) rückläufig ist. Die Zunahme erfolgte also bei den Personendelikten, vor allem aber bei Delikten gegen Institutionen und Amtspersonen: Beschädigungen und Zerstörungen, Beleidigungen und Tätlichkeiten (vgl. Francis Bailleau, »Consommation de masse et prédation de masse? La délinquance des mineurs en France, 1972–2002«, in: René Levy/Laurent Mucchielli/Renée Zauberman [Hg.], Crimes et insécurité. Un demi-siècle de bouleversements, Paris 2007, S. 63–89). Diese Statistiken gehen bis 2002, berücksichtigen also nicht die neueren Ereignisse. Festzuhalten ist aber, dass es nicht um Eigentumsdelikte (Diebstähle) geht, wenn vom Ansteigen der Kriminalität die Rede ist, und dass die Zunahme von Gewaltdelikten zum Großteil Gewalt gegen Institutionen und deren Vertreter betrifft, also die Kategorie, zu der die Gewaltakte vom November 2005 gehören. In gewissem Maße handelt es sich um eine Form der Gewalt, die auf symbolische Wirkung abzielt und keine materiellen Interessen verfolgt.

10 Didier Peyrat, Éloge de la sécurité, Paris 2003.

mehr die Tatsache, dass die Unsicherheitsproblematik hauptsächlich an ihnen festgemacht wird und dass man sich von der Beseitigung der von ihnen verkörperten Gefahr praktisch einen Sieg über die allgemeine Unsicherheit erhofft.

Vom Nutzen der gefährlichen Klassen

Wir stellen die Hypothese auf, dass die Projektion der Unsicherheitsfrage auf die Banlieues eine Wiederkehr der alten Thematik der gefährlichen Klassen bedeutet, die die in der Gesellschaft virulenten Gefahren an bestimmten Gruppen festmacht. Die Geschichte bietet für diese Verschiebung des innergesellschaftlichen Konflikts an die Ränder verschiedene Beispiele. So verkörperten in den vorindustriellen Gesellschaften die Landstreicher jene Gestalt der Asozialität, an der sich die grundlegende Aporie von Gesellschaften festmachte, die der Nichtsesshaftigkeit keinen Status verleihen können. »Die Vagabunden sind auf dem Lande die schrecklichste Plage. Es sind gefräßige Insekten, die es infizieren und verwüsten und Tag für Tag den Unterhalt der Bauern verschlingen. Es sind, um es ohne Umschweife zu sagen, feindliche Truppen, die sich über das Territorium verbreiten und dort nach Belieben wie in einem eroberten Lande leben und unter dem Titel des Almosens regelrechte Tribute erheben.«[11]

Dieses Zeugnis aus der Epoche der Aufklärung, eines von Hunderten, die sich auf mehr als 400 Jahre von der Mitte des 14. Jahrhunderts bis zum Ende des Ancien Régime verteilen, stigmatisiert die Landstreicher als innere Feinde, denen eine unbarmherzige Behandlung zugedacht war. Versucht man aber im Nachhinein, ihr soziologisches Profil zu rekonstruieren, dann entpuppen sich die »gefräßigen Insekten« in neun von zehn Fällen als arme Teufel, die auf der aussichtslosen Suche nach Arbeit sind, wie etwa der jüngste Spross einer vielköpfigen Familie, der den kleinen Hof verlässt, der ihn nicht mehr ernähren kann, oder der Tagelöhner, der sich in seiner »Heimat« nicht mehr verdingen kann und sich auf den Weg

11 Guillaume François Le Trosne, Mémoire sur les vagabonds et les mendiants, Soissons 1764.

macht, um sein Glück anderswo zu versuchen, bis er von der Gendarmerie oder den »Chasse-Gueux« (Bettlerjägern), der damaligen Stadtpolizei, als Landstreicher aufgegriffen wird.[12] Tatsächlich ist das tragische Schicksal des Vagabunden eine Folge der Arbeitsorganisation in diesen stark in die Zunftordnung eingezwängten Gesellschaften, die keine Entwicklung freier Lohnarbeit zulassen konnten.

Die Kriminalisierung der Landstreicher bewirkt also eine Verschiebung jener grundlegenden sozialen Frage, die sich in der vorindustriellen Gesellschaft als Existenz einer Masse von »Arbeitern ohne Arbeit« stellt, die im vorherrschenden System der Arbeitsorganisation auch keine finden konnten. Repression war eine Lösung, die alle staatlichen oder städtischen Machtorgane energisch betrieben, weil sie unter diesen gesellschaftlichen und politischen Voraussetzungen nicht jene andere Lösung durchsetzen konnten, die in der Liberalisierung des Arbeitsmarkts bestand.[13] Noch im Jahre 1764 wiederholt und verschärft eine königliche Ordonnanz, »der letzte feierliche Ausdruck der Ideen der alten Monarchie«, wie Claire Bloch anmerkt, das ganze Bündel der jahrhundertealten Maßnahmen zur Ausrottung der Vagabundage.[14] Noch 25 Jahre

---

12 Ich habe diese naturgemäß sehr grobe Einschätzung anhand von zeitgenössischen Berichten und anhand des Profils der Landstreicher vorzunehmen versucht, die in verschiedenen *dépôts de mendicité* eingesperrt waren, so im Jahre 1786 im Bettlerhaus von Soissons. Vgl. Robert Castel, Die Metamorphosen der sozialen Frage. Eine Chronik der Lohnarbeit, dt. von Andreas Pfeuffer, Konstanz 2000, Kap. 2.

13 Turgot hatte das Kernproblem klar erkannt, doch das Scheitern seines Vorstoßes zur Abschaffung der Zünfte zeigt, dass eine grundlegende Arbeitsmarktreform unter dem Ancien Régime nicht möglich war. Dazu bedurfte es einer Revolution. In der verfassunggebenden Nationalversammlung formulieren die Arbeiten des Ausschusses zur Ausrottung der Bettelei, aus denen das Le Chapelier-Gesetz hervorging, explizit die Forderung nach einer Liberalisierung des Arbeitsmarkts als Lösung für die soziale Frage der Vagabundage. Sie sollte der Konstruktion des Landstreichers als Vertreter einer gefährlichen Klasse ein Ende machen, bevor sie sich Anfang des 19. Jahrhunderts auf das Proletariat verschob.

14 Camille Bloch, L'Assistance et l'État en France à la veille de la Révolution (1908), Nachdruck Genf 1974, S. 160. Text der Königlichen Ordon-

vor der Revolution sind die Landstreicher praktisch der alleinige Gegenstand der Politik, wenn es um die Behandlung jener sozialen Grundfrage geht, die sich durch die Unmöglichkeit stellt, Arbeit zu finden.[15]

Dieses Verfahren, einen gesellschaftlichen Konflikt an einer gefährlichen Klasse festzumachen, taucht im Zuge der beginnenden Industrialisierung im Umgang mit dem Proletariat wieder auf. Die Liberalisierung des Arbeitsmarkts konnte den sozialen Frieden nicht sichern, und nun sind es Teile der Arbeiterschaft, die durch die Entwicklung des Pauperismus als »einer Gefahr für die politische und gesellschaftliche Ordnung«[16] die Unsicherheit verkörpern. Der Proletarier steht weniger außerhalb der Sozialstruktur als der Vagabund und stellt sogar die Speerspitze der Anfang des 19. Jahrhunderts aufkommenden Industrialisierung dar. Aber auch er ist an die Grenzen der Gesellschaft verbannt, weil er mit den Worten von Auguste Comte »in der westlichen Gesellschaft sein Lager hat, aber kein Haus«.[17] Er ist zumeist ein innerer Immigrant, abgeschnitten von seinen bäuerlichen Wurzeln, der Elemente jener

---

nanz von 1764, in: Jourdan/Decouzy/Isambert, Recueil des anciennes lois de la France, Paris 1928, Bd. XXII, S. 74.

15 Dass die beträchtliche Anzahl von repressiven Verordnungen, die die Staatsgewalt zur Bekämpfung der Bettelei und Vagabundage erließ, offenbar Schall und Rauch waren, wie die Tatsache zeigt, dass sie regelmäßig wiederholt und verschärft werden mussten, weil die Zahl der Landstreicher nicht aufhörte zu wachsen, darf nicht zu dem Schluss veranlassen, dass diese Maßnahmen nutzlos waren. Zum einen konnten sie die aufsässigsten oder unglückseligsten Randerscheinungen dieser Nicht-Arbeiterschaft ausschalten durch die Verurteilung zu Zwangsarbeit (Galeeren, Zucht- oder Bettlerhäuser, Deportation in die Kolonien etc.). Zum anderen konnte diese »Blutgesetzgebung«, wie Marx die einschlägigen englischen Verordnungen bezeichnete (Das Kapital, Buch 1, VII. Abschnitt, 24. Kapitel, MEW 23, S. 761 ff.), eine Präventivfunktion ausüben, indem sie eine große Zahl von Unglücklichen davon abhielt, zum Zwecke der Arbeitssuche den gefährlichen Weg der Vagabundage einzuschlagen. In dieser Sozialstruktur ging es auch darum, dass jeder an seinem Platz blieb.

16 Jean Paul Alban de Villeneuve-Bargemont, Économie politique chrétienne ou Recherches sur les causes du paupérisme, Paris 1834.

17 Auguste Comte, Système de politique positive (1854), Paris 1929, S. 411.

ländlichen Kultur in sich trägt, die in den Augen der Bürger und Städter eine Unkultur ist. In seinem Elend und als Opfer entsetzlicher Lebensbedingungen »erregt er mehr Abscheu als Mitleid«.[18] Er erzeugt auch Angst. »Arbeitende Klassen, gefährliche Klassen«, so das Grundthema von Louis Chevalier in seinem Buch über das Pariser Volksleben um die Mitte des 19. Jahrhunderts.[19] Beim Lyoner Weberaufstand von 1831 schreibt das *Journal des débats*: »Der Aufruhr von Lyon ist eine Art Aufstand von Santo Domingo [...]. Die Barbaren, die die Gesellschaft bedrohen, befinden sich nicht im Kaukasus oder in der Steppe, sondern in den Vororten unserer Manufakturstädte.«[20]

Im 19. Jahrhundert gab es in den herrschenden Klassen und im konformistischen Bürgertum einen regelrechten arbeiterfeindlichen Rassismus, der die Lage des Proletariats mit dem Schreckbild einer Asozialität inmitten der Gesellschaft verband. Die Proletarier sind nach dieser Vorstellung störende Fremde. Eine von Grund auf paradoxe Situation, die sie gleichermaßen innerhalb und außerhalb der Nation ansiedelt: Wirtschaftlich betrachtet sind sie eine in den Produktionsapparat integrierte Arbeitskraft, während sie aufgrund ihrer Gebräuche und Verhaltensweisen wie die Vagabunden als »Nomadenpack«[21] abgestempelt werden, das sich an der Peripherie der gesellschaftlichen Ordnung herumtreibt und nichts Gutes im Schilde führt.[22]

---

18 Eugène Buret, De la misère des classes laborieuses en France et en Angleterre, Paris 1840.

19 Louis Chevalier, Classes laborieuses et classes dangereuses à Paris pendant la première moitié du XIXe siècle (1958), Paris 1984.

20 Saint-Marc Gerardin, in: *Le Journal des débats,* 8. Dezember 1831.

21 Der Ausdruck *(tourbe de nomades)* stammt von Baron Haussmann; zit. n. Chevalier, Classes laborieuses et classes dangereuses, S. 460.

22 Lamartine macht diese Paradoxie in einer am 14. Dezember 1844 gehaltenen Rede vor der Deputiertenkammer zur Verteidigung des Rechts auf Arbeit mit Worten bewusst, deren Poesie die darin enthaltene soziologische Einsicht nicht verdecken darf. Er beschreibt »die Arbeiterheere, deren Arbeit, immens wie das sie beschäftigende Kapital, zufällig wie die sie regierende Spekulation, wechselhaft wie die sie konsumierende Mode, nicht die Stetigkeit der Heimwirtschaft hat [...] ein dem Volke entsprungenes Volk, eine Nation in der Nation, eine landlose Masse, deren Kapi-

Diese Stigmatisierung des Proletariats hat zur Folge, dass die ihm gegenüber betriebene »Sozialpolitik« nicht nur seine Gefährlichkeit unterdrückt (notfalls mit der Armee wie im Juni 1848), sondern sie ist auch eine Moralisierungsstrategie, die vielfältige Formen annimmt. »Wir müssen die Arbeiterklasse moralisieren, sie ist der faulige Teil der Gesellschaft.«[23] Die »aufgeklärte Schicht« kümmert sich um die, »denen es an Aufklärung fehlt«, die »guten Menschen« nehmen sich der »moralisch Unvollkommenen« an:[24] Die Philanthropie ist eine echte Politik, die in der Verantwortung von Notabeln, Geistlichen und Arbeitgebern liegt und sich nicht der strukturellen Ursachen annehmen muss, die für das Unglück des Volkes verantwortlich sind. Man muss nur allen, die in der Hölle des Pauperismus leben, eine Moral vermitteln. »Die Wiederaufrichtung der unteren Klassen, der Arbeiterklassen, ist das Hauptproblem unserer Zeit.«[25] Wer gegen Moralin allergisch ist, wird mit polizeilichen oder militärischen Schlägen kuriert.

Ob Proletarier oder Landstreicher, ihre moralische Stigmatisierung, bis hin zu ihrer Kriminalisierung, verschiebt die gesamte soziale Frage und deren Behandlung auf diese als asozial bezeichneten Bevölkerungsgruppen. Die Vagabundage zu bekämpfen und das Proletariat zu moralisieren (oder, wenn es widerspenstig blieb,

---

tal ihre Arbeit, deren Heimat ihr Handwerk, deren Haus ihr Obdach, deren Land ihre Fabrik und deren Leben ihr Lohn ist. Es ist eine unstete Kaste, die in zerrütteten Verhältnissen lebt, sich nur auf eine einzige Sache versteht und sich, wenn sie ihre ganz spezielle Arbeit und ihren Lebensunterhalt verliert, in Form von Koalitionen, Aufständen, Vagabundage, Lastern, Plagen und Elend über die Nation ergießt. Das ist es, was man Proletarier nennt, eine Rasse, die dazu bestimmt ist, den Erdboden zu bevölkern, eine Art von Sklaven der Industrie, die unter dem härtesten aller Herrn, dem Hunger, dienen« (Alphonse de Lamartine, La France parlementaire. Œuvres oratoires et écrits politiques, Bd. IV, Paris 1865, S. 109).

23 Abbé Meysonnier, Geistlicher der Lyoner »Seidenklöster«, in denen die Nonnen junge arme Frauen in ein unerbittliches Arbeitsregime einspannen (zit. n. Louis Reybaud, Études sur le régime des manufactures [1859], Paris 1955, S. 276).

24 Baron de Gerando, Le Visiteur du pauvre, Paris 1820, S. 9.

25 Vicomte de Villeneuve-Bargemont, Économie politique chrétienne, S. 231.

zur Räson zu bringen), war eine Möglichkeit, den bürgerlichen Frieden und die soziale Harmonie wiederherzustellen, ohne die strukturellen Missstände antasten zu müssen, die dazu führen, dass es »Arbeiter ohne Arbeit« gibt oder solche Arbeiter, deren Arbeitsbedingungen sie ins Elend stürzen, statt ihre wirtschaftliche und soziale Unabhängigkeit zu sichern.

Die Umkehrung des Stigmas

Ich wollte mich nicht in historischen Abschweifungen ergehen, sondern den Versuch unternehmen, ein Raster zum Verständnis der heutigen Situation herauszuarbeiten. Wenn diese Interpretation (in einem natürlich zu diskutierenden Maße) auf so unterschiedliche Bevölkerungsgruppen wie die Vagabunden der vorindustriellen Gesellschaften und die Proletarier der beginnenden Industrialisierung zutrifft, dann können wir versuchen, sie auch zur Erklärung der Behandlung heranzuziehen, der heute die Vorstadtjugendlichen ausgesetzt sind. Die Gefahr trägt auch hier das Zeichen des Fremden und verweist auf ein zentrales Problem unserer Gesellschaft. Einst »gefräßige Insekten«, »Nomadenpack« oder »neue Barbaren«, heute »Gesindel« *(racaille)*, »Rädelsführer« *(caïds)* oder »Strolche« *(voyous)*, der Vergleich mit dem Sklavenaufstand von Santo Domingo zur Disqualifizierung der aufständischen Weber von 1831 oder Bezeichnungen wie »Vorstadtintifada« zur Stigmatisierung der städtischen Gewaltausbrüche jüngsten Datums – hinter diesen Bildern und Beleidigungen verbirgt sich keine identische Situation, aber womöglich eine *vergleichbare Position.* Landstreicher, Proletarier und Vorstadtjugendliche hatten und haben gemeinsam, dass sie stark stigmatisiert werden, dass sie an die Grenzen einer gesellschaftlichen Ordnung versetzt oder verstoßen werden, also nicht integriert sind, und gemeinsam haben sie überdies eine diskriminierende Behandlung im herrschenden Wirtschaftssystem, sei es in einer vorindustriellen, industriellen oder postindustriellen Gesellschaft. Und schließlich könnten sie auch gemeinsam haben, dass ihnen eine Verantwortung aufgehalst wird, die sie nicht tragen können, weil man in ihnen den Kern eines Problems sieht, das weit über sie hinausreicht und dessen Opfer sie eher als dessen Verursacher sind.

Aber genau das ist in der Ökonomie der sozialen Beziehungen auch ihre Funktion. Die Landstreicher haben den grundlegenden Fehler der Arbeitsorganisation in den vorindustriellen Gesellschaften ausgebadet – und gleichzeitig verdeckt –, der die Öffnung eines Arbeitsmarkts und die Entwicklung der Lohnarbeiterschaft hemmte. Als der Markt sich durchsetzt, bringt die Situation der Proletarier die Widersprüche eines Industriekapitalismus zum Ausdruck, der seinem Profitstreben anfangs keinerlei Zügel anlegt und gerade diejenigen sozial verkrüppelt, die für seine Entwicklung am notwendigsten sind. Den Vorstadtjugendlichen wird eine überzogene Verantwortlichkeit in Bezug auf eine Sicherheitsobsession aufgeladen, die die französische Gesellschaft angesichts einer gleichzeitigen Zunahme von öffentlicher und sozialer Unsicherheit immer mehr durchdringt. Die politische Antwort auf solche unhaltbaren Zustände besteht jeweils darin, diese Gruppen zu stigmatisieren, indem man sie zum Gegenstand von vorzugsweise repressiven Maßnahmen macht. Es soll nicht geleugnet werden, dass es gefährliche Landstreicher gab, dass viele Proletarier wirkliche Proleten waren und dass es heute eine Vielzahl von kriminellen Vorstadtjugendlichen gibt. Zur Debatte steht vielmehr der Umgang mit der sozialen Frage, der den Teil fürs Ganze nimmt und Ursache und Wirkung verwechselt, um Sündenböcke zu schaffen, die zwar nicht allesamt unschuldig, aber auch nicht für alles verantwortlich sind.

Im Falle der Vorstadtjugendlichen haben wir festgestellt, welch diskriminierender Behandlung sie ausgesetzt sind, vor allem wenn sie ethnischen Minderheiten angehören. Diese Stigmatisierung soll aber auch eine Vorstellung von Unsicherheit und ihrer Bekämpfung erzeugen und die Jugendlichen zu Hauptverantwortlichen für das wachsende Unsicherheitsgefühl machen. Daher die »Null-Toleranz«-Diskurse und entsprechenden Praktiken zur Rückeroberung der der Unsicherheit ausgelieferten rechtsfreien Räume. Doch selbst wenn man damit die Kriminalität ausrotten könnte, was mehr als zweifelhaft ist, hätte man damit noch nicht die Ursachen im Griff, aus denen sich die soziale Unsicherheit speist. Dass sie seit 20 Jahren zunimmt, hängt mit der Massenarbeitslosigkeit, den verschlechterten Wohn- und Arbeitsbedingungen, dem Abbau der mit festen Beschäftigungsverhältnissen verbundenen Absicherungen und der Schwierigkeit des Zusammenlebens von Gruppen zusammen, die vor allem eines gemeinsam haben: die Situation des sozialen Abstiegs und das Gefühl, keine Zukunft zu haben. Die Vorstadtjugendlichen sind für diese Entwicklung nicht verantwortlich. Sie sind gleich anderen, und mehr noch als andere, Opfer dieser Konstellation. Wer sie zu Trägern und Hauptakteuren der Ausbreitung einer für uns alle bedrohlichen Unsicherheit macht, verschiebt das allgemeine Problem der Unsicherheit auf eines der Kriminalität, für die letztlich die Polizei zuständig ist.

Kurzfristig kann diese Verschiebung strategische Vorteile haben. Bezüglich des Unsicherheitsproblems reduziert sie die Verantwortung des Staates auf die Pflicht zur Sicherung des inneren Friedens. Das ist eine wichtige Funktion, weil es ein Grundprinzip des Rechtsstaats ist, eingeschrieben in alle republikanischen Verfassungen im Anschluss an die Erklärung der Menschen- und Bürgerrechte, den Schutz der Personen und ihrer Güter zu garantieren. Dieses Prinzip legitimiert die Bekämpfung der Kriminalität, solange sie sich an die Grundsätze des Rechtsstaats hält. Wird aber die Sicherheitsgarantie auf die öffentliche Sicherheit reduziert, dann ist von einer anderen, ebenso wesentlichen Funktion des Staates nicht mehr die Rede, nämlich von der bisherigen und auch zukünftigen Aufgabe des Sozialstaats, die nötigen Voraussetzungen zu schaffen, um die soziale Unabhängigkeit der Bürger zu sichern – ihre soziale Staatsbürgerschaft. Es ist, als hätten sich die politischen Verantwortungsträger heute zum einen dafür entschieden, die Hauptinstanzen staatlicher Gewalt, Polizei und Justiz, zur Bekämpfung der öffentlichen Unsicherheit zu mobilisieren, auch wenn sich dabei das alte Bild vom Nachtwächterstaat mit dem des Polizeistaats verbindet, und zum anderen die Schutzfunktion des Staates unter den Tisch fallen zu lassen, nämlich die Absicherung der Bürger gegen die sozialen Risiken. Es besteht also ein Konflikt oder vielmehr ein Widerspruch zwischen der Bekräftigung der bedingungslosen Autorität des Staates, was seine repressive Funktion betrifft, und der Nachlässigkeit des Staates gegenüber jenen Faktoren, die aufgrund der verschlechterten sozialen Lage der unteren, auf die neuen Regeln von Konkurrenz und

Wettbewerbsfähigkeit nicht eingestellten Bevölkerungsschichten die soziale Unsicherheit nähren.

Die Politik gegenüber den Vorstadtjugendlichen macht diese Ambivalenz deutlich. Sie sind die bevorzugte Zielscheibe für die Entschlossenheit des Staates, seine bedingungslose Autorität gegenüber den Unruhestiftern zu demonstrieren. Gleichzeitig werden sie aber vergessen, wenn es um die nötigen Voraussetzungen geht, um in der Gesellschaft als vollwertige Bürger auftreten und anerkannt werden zu können. Die von ihnen erlittene Diskriminierung ist das Symptom dieses Staatsbürgerschaftsdefizits. Der Kampf gegen die Kriminalität droht zum Alibi für die von ihnen erlebte Nicht-Anerkennung zu werden, wenn er sich nicht mit dem Kampf für Gleichheit und gegen Diskriminierung verbindet.

Dass man nur auf die Kriminalität dieser Jugendlichen starrt und ihnen den Part der gefährlichen Klasse zuweist, verstärkt die Stigmatisierung, die sie in den verschiedenen Bereichen des gesellschaftlichen Lebens ohnehin schon erfahren. Die Logik, die damit im Namen der Verteidigung der staatlichen Ordnung zum Tragen kommt, kann sich in eine Logik der Ghettoisierung umkehren, wenn diese Jugendlichen nur noch die Möglichkeit haben, sich kommunitär abzukapseln und das Stigma umzukehren, indem sie sich gegen die falschen Versprechungen der Demokratie auf die Würde der Rasse berufen.

Staatsbürger oder »Eingeborene«?

Auch wenn wir die Banlieues nicht einfach als abgesonderte, von Ausgegrenzten bewohnte Räume betrachten, ist doch eindeutig ein Separierungsprozess zu beobachten, der den Abstand zwischen der von ihrer ethnischen Herkunft geprägten Bevölkerung und der übrigen französischen Gesellschaft vertieft. Vielleicht müssen wir nun doch von »Ausgegrenzten« sprechen, aber im Bewusstsein dessen, dass es sich um *innere Ausgegrenzte* handelt. Ich meine damit, dass die sie treffende Ausgrenzung das Produkt von Verschleierungs-, Verleugnungs- und Diskriminierungsmechanismen ist, die eine Pervertierung des republikanischen Modells offenbaren. Ein proklamierter Universalismus, der für Unterschiede blind ist, hat die ethnischen Differenzen faktisch stigmatisiert und auf ihren Partikularismus reduziert. Und das beschwört die Wut und Rebellion all derer herauf, die sich betrogen fühlen, weil sie von einer Zugehörigkeit geprägt bleiben, von der man ihnen ein entwürdigendes Bild vermittelt.

Die Ereignisse vom Herbst 2005 und das Vorstadtproblem schreiben sich damit in eine Problematik ein, die sich seit einigen Jahren immer mehr zuspitzt. Sie betrifft in der französischen Gesellschaft praktizierte Herrschaftsformen, die ein Erbe der kolonialen Vergangenheit sind und denen ein entwertender Umgang mit Bevölkerungsgruppen eigen ist, die aus einstmals unter französischer Hegemonie stehenden Regionen kommen. Eine wachsende Zahl von Vertretern dieser ethnischen Minderheiten findet deshalb, dass es an der Zeit ist, klipp und klar die Frage zu stellen, ob bestimmte französische Bürger eigentlich als »Eingeborene der Republik« behandelt werden. Wie konnte es dazu kommen, dass man die Frage der Integration von Bevölkerungsgruppen mit Migrationshintergrund im Rahmen einer Problematik reformuliert, die sich offen auf das Thema der Rasse bezieht? Und ist eine Erneuerung des republikanischen Modells und damit eine Ausweitung des Konzepts der Staatsbürgerschaft vorstellbar, die diese Ideen zu einheitsstiftenden Prinzipien einer multiethnischen und multikulturellen Gesellschaft macht?

Der Gefahrenpegel steigt

Die französische Gesellschaft und ihre politische Klasse haben womöglich Anfang der 1980er Jahre eine Gelegenheit versäumt. Die Präsidentschaft von Giscard d'Estaing war von der Entschlossenheit geprägt, die Grenzen für Arbeitsmigranten zu schließen (seit 1974), den Familiennachzug zu stoppen und die eingewanderten Arbeiter zur Remigration in ihr Herkunftsland zu motivieren (jene »Million von Arbeitern«, auch »Stoleru-Million« genannt, nach dem Namen des Ministers, der im Jahre 1977 eine Prämie von 10000 Francs für jeden Rückkehrwilligen vorschlägt). Das 1980 verabschiedete »Bonnet-Gesetz« verschärft die Aufenthaltsbedingungen für Ausländer, und die Zahl der Abschiebungen nimmt zu. Tausende sind davon betroffen, insbesondere Jugendliche nach kleineren Straftaten (weshalb man von »doppelter Bestrafung« spricht). In diesem Kontext verschärfen sich die Spannungen im Verhältnis zur Polizei und zu einem Teil der Bevölkerung, die zunehmend der Meinung ist, dass die Einwanderer »Arbeitsplätze wegnehmen« (die Arbeitslosenzahl übersteigt im Jahre 1976 die Million). Polizeiliche und rassistische Übergriffe wechseln sich ab. Schon vor dem »heißen Sommer« von 1981 häufen sich in den Vorstädten, vor allem von Lyon, die Zusammenstöße mit der Polizei, und schon zeichnen viele Zeitungsartikel das Bild einer Wildnis inmitten grauer Betonblöcke, die von asozialen Elementen, natürlich maghrebinischer Herkunft, bevölkert wird.[1]

Währenddessen wird die Wahl von François Mitterrand zum Staatspräsidenten am 10. Mai 1981 von den jugendlichen Kämpfern, die auf einen Kurswechsel hoffen, mit begeisterten Demonstrationen begrüßt.[2] Das Regierungsprogramm hatte die Aufhebung der Abschiebungsgesetze und das kommunale Wahlrecht für Immigranten versprochen. Am 17. Juni 1981 erklärt die neue Ministerin für Nationale Solidarität, Nicole Questiaux: »Die Solidarität

---

1 Zur genaueren Beschreibung dieses Kontextes vgl. Bachmann/Le Guennec, Violences urbaines, besonders Kapitel 37 (»Aux racines des violences banlieusardes«).

2 Vgl. Adil Jazouli, L'action collective des jeunes Maghrébins en France, Paris 1986.

mit allen, mit Franzosen und Einwanderern, ohne jede Diskriminierung, die Solidarität mit den Völkern der Dritten Welt, ist die Richtlinie unserer Politik.«[3] Die neue Regierung leitet eine Reihe von Maßnahmen ein, die die Lage der Einwanderer verbessern sollen: die Entschärfung des Abschiebungsgesetzes, eine breite Legalisierung von illegalen Einwanderern und die Abschaffung der Genehmigungspflicht für Vereinsgründungen durch Ausländer. Die Anzahl solcher Organisationen, in dem sich zum großen Teil Jugendliche mit Migrationshintergrund zusammenfinden, nimmt zu. Die regierende Linke installiert eine Reihe von »Maßnahmen«, die, auch wenn es noch nicht so heißt, der positiven Diskriminierung dienen. Sie zielen nicht allein auf Jugendliche mit Migrationshintergrund, betreffen aber in erster Linie sie: lokale Beschäftigungsinitiativen im Anschluss an den Schwartz-Bericht zur beruflichen Eingliederung,[4] Bildungsförderungsgebiete (ZEP, 1981), soziale Stadtteilentwicklung (DSQ, 1983), Komitees zur vorbeugenden Kriminalitätsbekämpfung in den »sensiblen Stadtteilen« (1981) oder die Aktion *Banlieue 89* mit dem Ziel, »die Vorstädte so schön wie die Städte zu machen«.[5] Zumindest auf dem Papier sind diese Maßnahmen innovativ und attraktiv. Ihr Vorzug liegt offenbar darin, dass sie das Diskriminierungsproblem indirekt über die Betreuung der Gebiete (Stadtteile und Schulen) in Angriff nehmen, in denen die Jugendlichen mit Migrationshintergrund überrepräsentiert sind, ohne ausschließlich auf sie abzuzielen.

In dieser Situation bekommt der »Marsch für Gleichheit und gegen Rassismus« vom Herbst 1983 eine symbolische Bedeutung. Wie der Name sagt, verfolgt er zwei Ziele: Er will explizit und auf militante Weise den Rassismus zum Thema machen, der die französische Gesellschaft zerfrisst, und gleichzeitig das Recht auf

---

3 Zit. n. Patrick Weil, La France et ses étrangers (1991), Paris 2004, S. 194.

4 Bertrand Schwartz, Die Eingliederung der Jugendlichen in Beruf und Gesellschaft, hrsg. vom Europäischen Zentrum für die Förderung der Berufsbildung, Berlin 1981.

5 Der amtliche und soziologische Ausstoß zu diesen Maßnahmen ist beachtlich. Eine Gesamtdarstellung, die sie in ihren Entstehungskontext einordnet, findet sich ebenfalls bei Bachmann/Le Guennec, Violences urbaines, Kapitel 41 (»La multiplication des dispositifs«).

Gleichheit für diese sich als *beurs*[6] bezeichnenden Jugendlichen bekräftigen, die als Franzosen behandelt werden wollen, auch wenn sie sich auf eine andere Herkunft als die »Stammfranzosen« *(Français de souche)* berufen. Der am 15. Oktober in Marseille mit mäßiger Beteiligung gestartete Marsch lässt am 3. Dezember in Paris Zehntausende auf dem Place de la Bastille zusammenströmen. Mehrheitlich handelt es sich um jugendliche *beurs,* denen sich aber Mitglieder von Organisationen, Schüler und Studenten, Arbeitslose, normale Bürger und schließlich sogar Vertreter politischer Parteien anschließen. Der Marsch findet unerwartete Resonanz. Die öffentliche Meinung und die Medien geben sich einig in ihrer Verurteilung der Stigmatisierung von Einwandererkindern und des ihnen entgegengebrachten Rassismus. Eine Abordnung der Marschierer wird im Élysée-Palast vom französischen Staatspräsidenten empfangen, der unter anderem die Einführung einer zehnjährigen Aufenthaltserlaubnis für ausländische Arbeitnehmer verspricht (siehe Anhang 5). Einer der damaligen Demonstranten bringt die Festtagsstimmung jener Tage zum Ausdruck: »Ich kann mich noch deutlich an diese eindrucksvolle Atmosphäre erinnern, an dieses Gefühl, einen historischen Moment zu erleben. Wir alle waren davon überzeugt, dass Rassismus und Ausgrenzung einen tödlichen Schlag erhalten hatten. Wir waren sicher, dass eine ›Bewegung‹ entstanden war, die sich nur weiter ausbreiten konnte.«[7]

Diese Jugendlichen repräsentieren die erste Generation, die mit der von ihren Vätern (mit oftmals gemischten Gefühlen) noch aufrechtgehaltenen Hoffnung auf »Heimkehr« bricht. Sie fühlen sich als Franzosen und wissen, dass ihre Heimat Frankreich sein wird. Die Linke, sowohl in der Regierung wie auch in den »roten Vororten«, in denen die meisten von ihnen leben, scheint für die Idee einer anderen Politik einzutreten, die sie als gleichberechtigte Mitbürger behandelt. Der sozialistische Wahlspruch *»Changer la vie«* könnte für sie Wirklichkeit werden. In dieser Zeit entwickeln sich zahlreiche Organisationen, die sich für Chancengleichheit einsetzen und davon zeugen, dass diese Jugendlichen am politischen und

---

6 Wortneuschöpfung aus *arabe* (A. d. Ü.).

7 Saïd Bouamama, Dix ans de marche des beurs. Chronique d'un mouvement avorté, Paris 1994, S. 17.

gesellschaftlichen Leben teilnehmen wollen. Auch junge Frauen sind in der Bewegung präsent. Sie lösen sich von den strengen religiösen Familientraditionen der Kultur des elterlichen Herkunftslandes und engagieren sich in den politischen und kulturellen Organisationen oder im Schulunterricht. Die schulischen Leistungen und Erfolge vieler »Beurettes« sind zumindest bei den Lehrern allgemein anerkannt.[8]

Anfang der 1980er Jahre hätte man also meinen können, dass die französische Gesellschaft gegenüber dieser Generation eine aufnahmebereite Haltung entwickeln würde. Die Mehrheit dieser Jugendlichen war jedenfalls gewillt, daran zu glauben und am gesellschaftlichen und politischen Leben aktiv teilzunehmen. Diese neue Einstellung schien die Nachwehen des Kolonialismus, der Unabhängigkeitskriege, der Ignoranz gegenüber dem Elend der Arbeitsmigranten zu überwinden und zumindest für deren Kinder die Voraussetzungen für eine Gleichbehandlung zu schaffen. Warum haben sich das Leid und die Härte des Einwandererschicksals für die aus Nordafrika stammenden Bevölkerungsgruppen nicht genauso gelegt wie für diejenigen früherer Einwanderungswellen, die aus Belgien, Polen, Italien, Spanien und Portugal kamen und in der Anfangszeit ebenfalls heftiger Xenophobie ausgesetzt waren? Vor dem musikalischen Hintergrund der Neuaufnahme von Charles Trenets Chanson »Douce France« durch die Lyoner Gruppe *Carte de séjour* (Aufenthaltserlaubnis) mochte es so aussehen, als könne eine schöne Utopie Wirklichkeit werden.[9]

Waren es reale Möglichkeiten oder Illusionen, zu schön, um wahr werden zu können? Das ist schwer zu entscheiden. Zu Beginn der 1980er Jahre kündigten sich tatsächlich die Anfänge einer

---

8 Zur Einordnung des *Marche des beurs* in den Lebensweg von Einwanderern der zweiten im Vergleich zur dritten Generation vgl. Stéphane Beaud/Olivier Masclet, »Des ›marcheurs‹ de 1983 aux ›émeutiers‹ de 2005. Deux générations sociales d'enfants d'immigrés«, in: *Annales,* 61, 2006, H. 4, S. 809–843.

9 Tatsächlich gerät dieses »Douce France« schon im Jahre 1986 zu einer ironischen Reprise, bevor die Rapper die aktuelle Version eines zunehmend ambivalenten und ressentimentgeladenen Frankreichbildes vermitteln (siehe den in Anhang 6 wiedergegebenen Titel »Indigènes« von Éloquence und Apôtre H).

anderen Politik an. Die Situation war aber auch schon überschattet von Tendenzen, die diese Jugendlichen ins Abseits drängten: einer sich verschlechternden Wirtschaftslage, der Entwicklung von Rassismus im Zuge wachsender Unsicherheitsgefühle und Zukunftsängste in breiten Bevölkerungsteilen sowie eines Zurückschraubens der Integrationsbestrebungen durch einen Staat, der sich bald zu den neuen Regeln der Weltökonomie bekehrte. Wie dem auch sei, in den nachfolgenden Jahren und bis zum heutigen Tag sollte sich die Lage der Vorstadtjugendlichen weiter verschlechtern. Welches sind die Hauptdeterminanten, die dabei ins Gewicht fielen?

Zunächst die Verfestigung der »Krise«, die schon Anfang der 1970er Jahre diagnostiziert worden war, aber noch zu Beginn der 1980er Jahre bei der Mehrzahl der Beobachter und politischen Akteure als vorübergehend galt. Man erwartete den »Aufschwung«. Doch die Arbeitslosigkeit wird strukturell. Ihre Zunahme geht mit der Deindustrialisierung und der Verknappung unqualifizierter Arbeitsplätze einher, von der große Teile der unteren Bevölkerungsschichten betroffen sind – dieselben, die am stärksten der Konkurrenz von eingewanderten oder der Migration entstammenden Bevölkerungsgruppen ausgesetzt sind, mit denen sie in den Vorstädten häufig zusammenleben. Auch der Rassismus setzt sich fest. In den unteren Schichten äußert er sich in den Reaktionen des »kleinen Weißen«, der seinen andersartigen Nächsten für das eigene Unglück verantwortlich macht.[10] In einer verschärften Konkurrenzsituation werden die eingewanderten Arbeiter beschuldigt, den Einheimischen die Arbeitsplätze wegzunehmen und außerdem die staatlichen Unterstützungen und Sozialleistungen für sich in

---

10 Der Begriff des *little white man* geht historisch auf die Situation nach dem amerikanischen Sezessionskrieg zurück. Teile der weißen Bevölkerung sind verarmt und mit Schwarzen konfrontiert, die nicht minder arm, aber nun im Besitz von Rechten sind. Der Schwarze wird zum Hauptfeind in einer der Konkurrenz ausgesetzten Tauschwirtschaft. Es könnte sich dabei allerdings um ein Schema von quasi anthropologischer Bedeutung handeln, das eine Grunddynamik des Rassismus in verschärften Konkurrenzverhältnissen zu begreifen erlaubt: die Stigmatisierung des vom andersartigen Nächsten verkörperten Unterschieds. Der Andere muss auf seine Differenz reduziert werden, denn wenn er als meinesgleichen behandelt wird, droht er mir meinen Platz wegzunehmen.

Anspruch zu nehmen, auf die sie kein Recht hätten, weil sie nicht zur nationalen Gemeinschaft gehörten. »Les Français d'abord«, ertönt es bald von Seiten des Front National.

Wir beobachten also, dass der in den Arbeiterschichten geführte Immigrantendiskurs in den letzten 20 Jahren in Richtung Rassismus abgleitet. Stéphane Beaud und Michel Pialoux erinnern bezugnehmend auf ihre in der Region Sochaux durchgeführten Erhebungen[11] an die ausgehenden 1980er Jahre, als trotz der vorhandenen Spannungen manche der Interviewten, die allerdings Gewerkschafter waren, von »meinen Einwandererkollegen« sprachen. Sie zeigen, welche doppelte Entwicklung sich seither vollzogen hat: zum einen der Verlust von Arbeitersolidarität und die Verschärfung der innerbetrieblichen Konkurrenz, zum anderen die zunehmende Dünnhäutigkeit gegenüber den Vorgängen, die sich außerhalb der Arbeit, in den nahen Siedlungen abspielen, besonders im Blick auf das als provozierend betrachtete Verhalten der »kleinen Einwanderer« oder »kleinen Araber«.[12] So etabliert sich zunehmend eine Kluft zwischen den »weißen Arbeitern«, die sich als »richtige Franzosen« Respektabilität verschaffen wollen, und den »nichteuropäischen Einwanderern« – Letzteres Inbegriff eines kaum verhüllten Rassismus, der maghrebinische oder schwarzafrikanische Migranten genauso umfasst wie ihre Nachkommen, auch die mit französischer Staatsbürgerschaft.

Die Resonanz des Front National und seine Etablierung in Frankreichs politischer Landschaft ist die unmittelbare Konsequenz dieser Einstellung. Seine Macht zeigte sich bei den Kommunalwahlen vom September 1983. Symbol hierfür ist insbesondere die Stadt Dreux, wo die rechtsextreme Partei, die im ersten Wahlgang 16,7 Prozent der Stimmen erlangt hatte, in die im zweiten Wahlgang siegreiche Koalition aufgenommen wird.[13] Bei den nach-

---

11 Stéphane Beaud/Michel Pialoux, Die verlorene Zukunft der Arbeiter. Die Peugeot-Werke von Sochaux-Montbéliard, dt. von Martina Wörner und Axel Eberhard, Konstanz 2004.

12 Stéphane Beaud/Michel Pialoux, Violences urbaines, violence sociale. Genèse des nouvelles classes dangereuses, Paris 2003.

13 Françoise Gaspard, Une petite ville en France, Paris 1990.

folgenden Wahlen repräsentieren die Le-Pen-Wähler 10 bis 15 Prozent der Wählerschaft.

Dieser Durchbruch des Front National hatte beträchtliche Folgen für den Umgang mit der migrantischen Bevölkerung, besonders in den Vorstädten. Auch wenn der Rechtsextremismus nie direkt an die Macht kam, hat seine Präsenz dafür gesorgt, dass eine wirkliche Beteiligung der Einwanderer am politischen und gesellschaftlichen Leben nicht möglich war. Olivier Masclet hat gezeigt, dass die linken Kommunen darauf verzichtet haben, politisch aktiven Jugendlichen aus »sichtbaren Minderheiten« ihren gewünschten und verdienten Platz einzuräumen, um der Kritik des Front National an den ungerechtfertigten Vorteilen und »Privilegien« der Einwanderer nicht in die Hände zu spielen.[14] Diese Erpressbarkeit bekundete sich auch auf nationaler Ebene, bis hinauf zur Staatsspitze. Wenn Nicolas Sarkozy im Mai 2007 in die von ihm gebildete Regierung Persönlichkeiten mit Migrationshintergrund aufnehmen konnte, warum dann nicht François Mitterrand oder Lionel Jospin? Es wäre ihnen durchaus möglich gewesen, sie wollten aber nicht das Risiko (vor allem des Verlusts an Wählerstimmen) eingehen, den für fremdenfeindliche und rassistische Positionen empfänglichen Teil der öffentlichen Meinung gegen sich aufzubringen.[15]

Es geht nicht darum, den Front National zu verteufeln; das ist zur Genüge geschehen (und zweifellos im Übermaß, denn wenn man ihn weniger fürchten würde, wäre man weniger geneigt gewesen, ihm nachzugeben und damit letztlich recht zu geben). Wir müssen vielmehr zugestehen, dass die von dieser Partei vertretenen Positionen aufgrund ihrer Popularität hochsignifikant sind. Ganz abgesehen von jenem alles in allem ziemlich begrenzten Anteil derjenigen, die ihre »nationale Präferenz« und Ausländerfeindlichkeit offen bekunden, ist die Ablehnung der Einwanderung und die mangelnde Akzeptanz der Jugendlichen aus diesem Milieu ein Bestand-

---

14 Masclet, La Gauche et les cités.

15 Wenn ich mich nicht irre, war das einzige Regierungsmitglied mit Migrationshintergrund in einer Linksregierung Kofi Yamgnane, der unter Edith Cresson im Mai 1991 Staatssekretär für Integration im Sozialministerium wurde und bis März 1993 im Amt blieb.

teil unseres öffentlichen Lebens. Wir erleben zurzeit zweifellos das Ende der Ausnahmestellung, die der Front National in Frankreichs politischer Landschaft zu repräsentieren schien. Sein Niedergang hängt aber damit zusammen, dass zumindest manche seiner Hauptpositionen von der heutigen Regierungspolitik übernommen wurden. Davon zeugt die Verschärfung der Einwanderungspolitik und der Bekämpfung der Jugendkriminalität, die in erster Linie auf die Vorstadtjugendlichen mit Migrationshintergrund zielt.

Wir können jedenfalls ermessen, wie weit wir vorangekommen oder vielmehr zurückgefallen sind, wenn wir auf die vom *Marche des beurs* geweckten Hoffnungen zurückblicken. »Frankreich ist ein Mofa, man kommt nur mit Gemisch voran«, lautete eine der seinerzeit beliebtesten Losungen. Doch mit Gemisch bewegt sich in Frankreich nichts, weder 1983 noch heute. Nur die Diskriminierung schreitet voran.

Eine weitere Reihe von Faktoren hat die Akzeptanz dieser Jugendlichen durch die französische Gesellschaft noch erschwert: jene Folge internationaler Ereignisse, die dazu führten, dass jeder Bezug zum Islam mit Islamismus gleichgesetzt wird, der Bedrohung unseres Gesellschaftssystems schlechthin. Damit verwandelt sich der mit Verachtung gemischte Argwohn gegenüber dem eingewanderten Arbeiter in eine Angst vor dem Muslim, der die Grundlagen der westlichen Zivilisation in Frage stellt.

Die Hauptetappen dieses Anschwellens der Islamophobie waren der zweite Golfkrieg von 1991, der nachfolgende Beginn der zweiten palästinensischen Intifada im Jahre 2000, natürlich die Anschläge vom 11. September 2001, der Irak-Krieg, dann noch weitere Anschläge in Europa und so weiter. Wichtig ist die Wirkung dieser Ereignisse sowohl auf die Jugendlichen, die ihre Herkunft mit dem Islam verbindet, wie auch auf die öffentliche Meinung in Frankreich.

Younes Amrani, ein Jugendlicher aus einer Vorstadt in der Nähe von Sochaux und Stéphane Beauds Gesprächspartner in »Pays de malheur!«, beschreibt seine Reaktion auf den zweiten Golfkrieg. Sie ist umso bezeichnender, als es die eines Gymnasiasten ist, den man einen ganz normalen Jugendlichen nennen könnte, marokkanischer Herkunft, ohne dezidierte politische oder religiöse Überzeugungen.[16] Er spürt jedoch sofort die Demütigung, als Angehöriger eines bestimmten Lagers betrachtet zu werden, des Lagers der arabischen Aggressoren, das bald auch das der Besiegten ist. Er fühlt sich zur Solidarisierung mit denen gedrängt, die man als seine Glaubensbrüder betrachtet, malt Parolen »für Saddam« an die Wände und bekritzelt die Tische mit Scud-Raketen. Ihm ist aber auch klar, dass diese Sache nicht seine eigene ist, wie er selbst sagt: »Es hat natürlich dieses ganze äußere Bild gegeben, das man abgeben muss: dass man gegen die Fey[17] ist, gegen Amerika, für die Araber und so. Aber heute Morgen habe ich angefangen, darüber nachzudenken, und ich sage mir, dass eigentlich keiner von uns ganz ehrlich war. Eigentlich war uns der Mittlere Osten scheißegal. [...] Wir haben die Bösen gespielt, aber wir waren froh, dass wir in Frankreich aufs Gymnasium gingen.«

Diese Art distanzierter Zugehörigkeit scheint bei den als »arabisch-muslimisch« bezeichneten Jugendlichen eine allgemeine Haltung zu sein, wenn es um internationale Probleme geht, die sie nicht unmittelbar betreffen. Didier Lapeyronnie hat das anhand neuerer Feldforschungen in »sensiblen Stadtteilen« bestätigt. »›Das haben immerhin Araber gemacht‹, ist von manchen dieser Jugendlichen zu den Anschlägen vom 11. September zu hören, mit einem Anflug von Stolz und dem Gefühl, dass dies auch eine Rache für die erlittenen Demütigungen ist, ohne dass man genau weiß, ob damit die Demütigungen der arabischen Welt auf der internationalen Bühne oder die von ihnen selbst tagtäglich erlebten gemeint sind. Gleichzeitig können sich dieselben Jugendlichen gegen Terroranschläge und radikalen Islamismus aussprechen, besonders wenn sie diese Fragen unter sich diskutieren. Denkt der Einzelne, was er sagt, oder glaubt er, was er sagt? Die Frage hat eigentlich keinen Sinn. Er denkt es und denkt es nicht, er glaubt es und glaubt es nicht.«[18]

---

16 Younes Amrani/Stéphane Beaud, »Pays de malheur!« Un jeune de cité écrit à un sociologue, Paris 2004.

17 Die Herren der Galaxis im Werk der amerikanischen Fantasy-Autorin Kristine Kathryn Rusch (A. d. Ü.).

18 Didier Lapeyronnie, »La banlieue comme théâtre colonial, ou la fracture coloniale dans les quartiers«, in: Pascal Blanchard/Nicolas Bancel/Sandrine Lemaire (Hg.), La Fracture coloniale, Paris 2006, S. 220.

Denn diese »arabisch-muslimische« Identität« ist eine auferlegte und für die meisten von ihnen keine angenommene Identität. Sie müssen »damit zurechtkommen«, mit einer Vorstellung von sich selbst, die sie sich nicht ausgesucht haben und die als ständiger Verdacht auf ihnen lastet, etwas anderes zu sein als das, was sie sind. Ihr Verhalten ist in hohem Maße eine Reaktion auf ein ihnen zugewiesenes Selbstbild, in dem sie sich nicht wiedererkennen. Aber welche Rolle könnten sie sonst spielen, wenn sie als die zumindest potentielle Inkarnation des Bösen hingestellt werden? Schließlich hält sich die soziale und insbesondere mediale Konstruktion der islamistischen Gefahr nicht mit Differenzierungen auf. Wir haben schon den Fall von Khaled Kelkal erwähnt, der in der Banlieue von Lyon aufwuchs und 1995 den Bombenanschlag auf die Pariser RER-Station Saint-Michel mitinitiierte, bevor er von der Polizei vor einer Fernsehkamera von *France 3* erschossen wurde. Ganz offensichtlich ist seine Karriere, zumindest bis heute, ein Ausnahmefall. Trotzdem wird sie am 6. Oktober 1995 in den 20-Uhr-Nachrichten von *France 2* als »eine inzwischen klassische Laufbahn« dargestellt.[19] Sie ist alles andere als klassisch. Inzwischen ist es aber eine klassische oder gängige Methode geworden, jede, und sei es auch nur indirekte Zugehörigkeit zur muslimischen Welt mit einer potentiellen Gefahr zu verbinden. Erwähnen könnte man in diesem Zusammenhang auch die von einigen namhaften Intellektuellen unterzeichnete Petition gegen die »weißenfeindlichen Ausschreitungen« *(ratonnades anti-Blancs)* bei der Schülerdemonstration vom 8. März 2005, die in der Tat von Jugendlichen aus den Vorstädten begangen wurden. Solche Aggressionen sind abscheulich. Aber alles über einen Kamm zu scheren, was die »schwarzen« oder »Beur«-Jugendlichen (die man hier im Visier hat) mit diesen primitiven Verhaltensweisen gleichzusetzen erlaubt, ist genauso inakzeptabel. Ein letztes Beispiel: Die UMP-Kandidatin im Wahlkreis Sarcelles erklärte bei den letzten Parlamentswahlen: »Mein Mann kann ganz ruhig schlafen. In meinem Wahlkreis gibt es nur Araber und Schwarze. Ich käme nicht auf die Idee, mit einem von

---

19 Vgl. Thomas Deltombe/Mathieu Rigouste, »L'ennemi intérieur: la construction médiatique de la figure de ›l'Arabe‹«, in: Blanchard/Bancel/Lemaire (Hg.), La Fracture coloniale, S. 195–202.

denen ins Bett zu gehen.«[20] Meines Wissens wurden diese Äußerungen weder kritisiert, noch zogen sie Sanktionen nach sich, zum Beispiel das Verbot der Ausübung von Funktionen in einer Partei, die immerhin Regierungspartei ist und auch die des französischen Staatspräsidenten, der die »Araberin« Rachida Dati in die höchsten Ämter berief. Das ist ein schöner Widerspruch, der aber deutlich macht, wie widersprüchlich das Verhältnis der Republik zu ihren ethnischen Minderheiten tatsächlich ist.

Das Stigma der Rasse

Wir müssen den Dingen ins Auge sehen: Es hat sich ein zunehmend rassischer oder sogar rassistischer Beiklang eingestellt, wenn von der Stellung der »sichtbaren Minderheiten« in der französischen Gesellschaft die Rede ist. Zunächst versteckt, beschönigend oder auch mehr oder weniger verschämt, hat er sich vor allem seit dem Jahr 2000 ins Zentrum der öffentlichen Diskussion eingeschlichen. Damals erschien eines der ersten Bücher, das offen die Frage der Rassenungleichheit aufwarf, eine im Übrigen sehr seriöse wissenschaftliche Arbeit.[21] Doch seither ist aus der Debatte eine regelrechte gesellschaftliche Herausforderung geworden: die Auseinandersetzung über das Erbe der Sklaverei im Anschluss an das Taubira-Gesetz von 2001 (das diese zum Verbrechen gegen die Menschlichkeit erklärt), der Streit um die »Erinnerungs«-Gesetze mit ihrer beabsichtigten Neubewertung des Kolonialismus, die Dieudonné-Affäre,[22] der Aufruf der »Eingeborenen der Republik« von 2005, die Gründung des Dachverbands der Schwarzenorganisationen (*Conseil représentatif des associations noires* – CRAN) im selben Jahr, die Kontroversen über die von Frankreich verlangte Entschuldigung oder sogar Entschädigung für die Verbrechen des Kolonialismus – kurz: Die postkoloniale Thematik und die Figur

20 Zitiert in *Libération*, 28./29. Juli 2007.

21 Véronique de Rudder/Christian Poiret/François Vourc'h, L'inégalité raciste. L'universalité républicaine à l'épreuve, Paris 2000.

22 Um den antiisraelisch-antiamerikanischen Sketch (»Achse des Guten«) eines schwarzen Fernsehkomikers (A. d. Ü.).

des »Eingeborenen der Republik« steht heute im Zentrum erregter Diskussionen.[23] Auf diese Ansprüche, die in erster Linie von Gruppen vorgetragen werden, die sich aufgrund ihrer ethnisch-rassischen Zugehörigkeit diskriminiert fühlen, haben die harten Verfechter des republikanischen Universalismus scharf reagiert: Die Minderheiten würden sich in ihrem ethnischen Partikularismus einkapseln und einen aggressiven Kommunitarismus entwickeln, der sich in einem »Rassismus gegen die Weißen« entlädt.

Wir dürfen heute getrost von einer »Wiederkehr der Rasse« sprechen, natürlich nur im recht verstandenen Sinne. Der im Rahmen der Kolonisierung vorherrschende Rassenbegriff, dessen aktuelle Form und Präsenz in der französischen Gesellschaft zu untersuchen wäre, muss nicht unbedingt ein unveränderliches biologisches Unterscheidungskriterium beinhalten, das die Menschheit in genetisch ein für alle Mal festgelegte »Unterarten« aufteilt (der Nationalsozialismus war die besonders monströse Version einer solchen Auffassung). Als »Rasse« lässt sich auch eine bestimmte Konstellation von kulturellen Besonderheiten bezeichnen, die von Generation zu Generation übertragen werden, weil sie bestimmte Lebensformen, Gefühls- und Denkstrukturen einer Gesellschaft perpetuieren. Die höhere Rasse ist dann die Trägerin der höheren Kultur, die Überbringerin der Zivilisation. Andere Rassen gelten je nach dem Grad ihrer Entfernung von dieser Zivilisation und nach ihrer Fähigkeit, sie aufzunehmen, als mehr oder weniger niedere Rassen. Der Rassenunterschied macht sich hier an den essentialisierten kulturellen Differenzen fest.[24]

Dieser Konzeption bediente sich das Unternehmen der Kolonisation. Der »Eingeborene« gehört zu einer niederen Kultur und ist mehr oder weniger unwillig, sich die höhere Kultur anzueignen. Er

---

23 Zur Darstellung dieser oft konfusen Debatten siehe z.B. Françoise Vergès, »Le récit national, le récit des outrages et l'émergence de nouvelles demandes de ›droit de cité‹«, in: Michel Wieviorka (Hg.), Peut-on encore chanter la Douce France? Les entretiens d'Auxerre, La Tour-d'Aigues 2007.

24 Étienne Balibar (Hg.), Le Racisme après les races (*Actuel Marx*, Nr. 38), Paris 2005; ders., »Le retour de la race«, in: *Mouvements*, Nr. 50, März/April 2007, S. 162–171.

hat deshalb einen anderen Status als die Mitglieder der zivilisierenden Gesellschaft, also im Falle der französischen Kolonisation die französischen Bürger. Das in Algerien entwickelte »Eingeborenenrecht« (*Code de l'indigénat*, nach dem Gesetz von 1881) schreibt diesen Unterschied fest, indem es zwischen Untertanen beziehungsweise französischen Staatsangehörigen und französischen Staatsbürgern unterscheidet. Die Algerier sind als Einwohner französischer Départements, also des französischen Staatsgebiets, Untertanen oder französische Staatsangehörige, haben aber nicht die Rechte der französischen Staatsbürgerschaft. Sie haben einen rechtlichen Sonderstatus, der ihre staatsbürgerlichen Rechte einschränkt und sie durch besondere Disziplinarvorschriften in einen Zustand der Abhängigkeit versetzt. Es sei aber noch einmal darauf hingewiesen, dass die Unterscheidung zwischen französischem Bürger und »Eingeborenem« nichts mit den Genen zu tun hat. Was den »Eingeborenen« inferiorisiert, ist seine Zugehörigkeit zu einer niederen Gemeinschaft, die von seiner Herkunft und Geschichte herrührt. Die Rasse ist eine Naturalisierung von Lebens-, Verhaltens- und Denkformen, die sich von den Hervorbringungen und Werten des zivilisierten Subjekts unterscheiden. Das Diskriminierungskriterium ist nicht biologischer Natur, auch wenn es naturalisiert wird: Es ist sozialer Natur. Das zeigt sich daran, dass manche »Eingeborene« die französische Staatsbürgerschaft erlangt haben, wenn sie durch soziale Stellung, Bildungsstand oder Lebensstil – durch das also, was man ihre Zivilität nennen könnte – beweisen konnten, dass sie ihre minderwertige Herkunft zu überwinden vermochten. Das Stigma der Rasse kann also abgelegt werden. Der »Eingeborene« muss nur den Beweis erbringen, dass er die westliche Kultur zu assimilieren vermag.[25]

---

25 Vgl. Emmanuelle Saada, »Un racisme de l'expansion. Les discriminations raciales au regard des situations coloniales«, in: Fassin/Fassin (Hg.), De la question sociale à la question raciale?, S. 55–71; dies., »Une nationalité par degré. Civilité et citoyenneté en situation coloniale«, in: Patrick Weil/Stéphane Dufoix (Hg.), L'Esclavage, la colonisation et après ..., Paris 2005, S. 193–226. Das Eingeborenenrecht wurde 1927 offiziell aufgehoben, aber die Inferiorität des französischen Staatsangehörigen gegenüber dem französischen Bürger blieb in verschiedenen Formen (z.B. jeweils unterschiedlichen Wahlbezirken) bestehen. Der Einge-

Von 1865 bis 1937 erlangten knapp 2500 Algerier die französische Staatsbürgerschaft, was lächerlich anmuten mag, aber die Auffassung von einem biologisch begründeten Kolonialrassismus hinreichend widerlegt. Auch die brutalsten Formen der französischen Kolonisation schlossen die Assimilierung der indigenen Bevölkerung nicht aus. Sie strebten sie sogar an, oft mit den schlimmsten Methoden und in dem Bewusstsein, dass dieser »Erfolg« die Ausnahme blieb. »Wir müssen den Eingeborenen vor die Wahl zwischen Assimilation oder Untergang stellen«, erklärte Jules Ferry.[26] Ein schrecklicher Satz, der aber die extreme Form der »zivilisatorischen Mission« verdeutlicht, die sich Frankreich gegeben hatte: die indigene Kultur auszurotten und eine neue Gesellschaft nach den Prinzipien der Republik aufzubauen. Im Übrigen konnte die Kolonisation auch in weniger brutalen Formen erfolgen, die nicht immer den aufrichtigen Wunsch ausschlossen, den »Eingeborenen« das Licht der Vernunft und die Wohltaten des Fortschritts zu bringen. Sie hat zudem das totalisierende Assimilationskonzept leicht revidiert und der indigenen Kultur einen Freiraum gelassen, solange sie untergeordnet blieb. Dass man der Rückständigkeit der indigenen Bevölkerung entgegenwirken muss, nämlich der Fixierung auf die Eigenarten ihrer Herkunftskultur, wurde jedoch nie in Frage gestellt.

In diesem historischen und konzeptuellen Rahmen können wir diskutieren, was der Bezug auf die postkoloniale Situation und auf die des »Eingeborenen der Republik« zum Verständnis der Diskriminierungen beiträgt, denen in Frankreich heute die Bürger »mit Migrationshintergrund« ausgesetzt sind. Die Frage ist nicht, ob Frankreich noch ein Kolonialstaat ist, was sich trotz des Aufrufs der »Eingeborenen der Republik« nicht wirklich behaupten lässt.

---

borenenstatus ist mit diversen Varianten in allen französischen Kolonien zu finden. So bezeichnete der Generalstaatsanwalt von Neukaledonien die Kanaken als »Franzosen niederen Grades« (Saada, »Une nationalité par degré«, S. 202). Patrick Weil berichtet auch, dass die algerischen Muslime »französische Staatsangehörige von höchst ›unerwünschter‹ ausländischer Herkunft waren, die man nur tröpfchenweise hereinlassen durfte« (Qu'est-ce qu'un Français? Histoire de la nationalité française depuis la Révolution, Paris 2002, S. 238).

26 Jules Ferry, Le Tonkin et la Mère-Patrie, Paris 1890.

Es geht vielmehr darum, ob die französische Gesellschaft bestimmte Züge der kolonialen Vergangenheit beibehalten hat und ob diese der Behandlung eines Teils ihrer Bevölkerung zugrunde liegen. Hier muss man besonders auf zweierlei achten. Erstens: Wird die Wahrnehmung und Behandlung der Bevölkerungsgruppen »mit Migrationshintergrund« auf jene Rassenkonzeption zurückgeführt, für die kulturelle Merkmale einer anderen ethnischen Herkunft so etwas wie eine *zweite Natur* sind, die sich von Generation zu Generation überträgt und der Integration in die französische Gesellschaft entgegensteht? Zweitens: Ist in unserer Gesellschaft immer noch eine starre und autoritäre Konzeption nationaler Zugehörigkeit am Werk, die nach dem Vorbild der kolonialistischen Assimilationsideologie den Verzicht auf jede Besonderheit einer anderen Herkunft und die restlose Angleichung an die Französische Republik verlangt?

In Bezug auf den ersten Punkt muss man das immer wieder benutzte Etikett »mit Migrationshintergrund« für die auf französischem Boden ansässigen Jugendlichen, deren direktes Verhältnis zur Migration zwei bis drei Generationen zurückliegt, sehr ernst nehmen. Es verweist darauf, dass etwas »nicht weggeht« und sich wie eine Naturgegebenheit reproduziert, obwohl es geschichtlich ist. Die Gegenwart dieser Jugendlichen wird durch die Brille einer Vergangenheit betrachtet, die nicht ihre eigene ist, und dieses Fortbestehen des Vergangenen im Gegenwärtigen wirkt wie ein unaustilgbares Mal der ausländischen Herkunft. Vor nicht allzu langer Zeit beschwerte sich der französische Erziehungsminister persönlich in *Le Monde de l'Éducation* (November 2003) über die »ziemliche Respektlosigkeit« eines Typs von Schülern, die er als »Einwanderer dritter Generation aus der arabisch-muslimischen Welt« bezeichnete. Hier werden gleich mehrere Handicaps deutlich: Die Großeltern kamen nicht nur von auswärts, sondern auch noch aus der »arabisch-muslimischen Welt«, sind also anders als die Einheimischen, und ihre Nachkommenschaft erbt diese Eigenarten. Sogar die Jugendlichen der »dritten Generation« sind noch von einer anderen Rasse, wenn man darunter die generationsübergreifende Tradierung eines defizienten Habitus versteht. Auf diese Weise konstituiert man, wie Étienne Balibar sagt, »eine rechtlich und menschlich monströse Kategorie, die der *erblichen Einwanderersi-*

tuation: ›einmal eingewandert, für immer eingewandert‹, von Generation zu Generation, was auch immer die erworbene Nationalität ist«. Derart abgestempelte Menschen könne man als »innere Ausländer« bezeichnen, fügt er hinzu.[27]

Zweifellos haben die Historiker die Tatsache unterbewertet, dass es in Frankreich *zwei Einwanderungen* gab.[28] Gewiss gibt es so etwas wie eine strukturelle Dimension der Immigration. So betont Gérard Noiriel, dass »die Einwanderer, die sich seit dem 19. Jahrhundert in Frankreich niederließen, die gleichen Prüfungen durchmachten, die gleichen entscheidenden Erfahrungen erlitten«.[29] Das ist richtig, aber richtig ist auch, dass sich für manche der Kulturschock einer Niederlassung in einem fremden Land, die mit dem Erleben heftigster Formen von Xenophobie einhergehen konnte, nach und nach gelegt hat und in die Integration im französischen »Schmelztiegel« mündete. Andere hingegen bleiben davon gezeichnet, denn für sie nimmt die Diskriminierung kein Ende. Diese Bruchlinie trennt genau umgrenzte geographisch-kulturelle Regionen. Die »westliche« Immigration konnte sich in eine französische Nationalidentität einschmelzen, ohne dass sich Erfahrungen der Erstankömmlinge permanent wiederholen. Man hat meines Wissens von den Nachfahren belgischer, polnischer oder italienischer Arbeiter nicht als Einwanderer der dritten oder vierten Generation gesprochen. Aber es gibt eben noch eine andere Immigration, die aus dem Süden kommt und größtenteils jene Regionen Afrikas umfasst, die lange Zeit der französischen Hegemonie unterstanden.

»Dem Eingeborenen fällt es unendlich viel schwerer, sich unserer Kultur zu assimilieren, als den Europäern, unseren Nachbarn, die sich uns in Jahrhunderten griechisch-lateinischer und christlicher Bildung stark angenähert haben.« Dieser Satz stammt aus einem Vortrag, der im Jahre 1928 im Generalrat der französischen

---

27 Étienne Balibar, »Uprisings in the banlieues«, in: *Lignes,* Nr. 23, November 2006.

28 Pascal Blanchard, »La France, entre deux immigrations«, in: Blanchard/Bancel/Lemaire (Hg.), La Fracture coloniale, S. 146–156.

29 Gérard Noiriel, Gens d'ici venus d'ailleurs. La France de l'immigration de 1900 à nos jours, Paris 2004.

Kolonien gehalten wurde,[30] drückt aber eine noch heute verbreitete Auffassung aus. Der »Eingeborene der Republik« ist mittlerweile französischer Bürger, bleibt aber durch seine ethnische Zugehörigkeit geprägt, die ein potentielles Hindernis für eine vollständige Integration in die französische Gesellschaft darstellt. Man müsste von einem mehr oder weniger großen Widerstand sprechen und nicht von absoluter Integrationsunfähigkeit. Schon zu Zeiten des Indigenats galten bestimmte »Eingeborene« als assimilierbar. Sie sind heute zahlreicher geworden, und manche sind sogar Minister der Französischen Republik. Nichtsdestoweniger kann die ethnische Zugehörigkeit, diese »rassifizierte« kulturelle Besonderheit, nach wie vor als Zeichen der Diskriminierung fungieren, vor allem für die Mehrheit derer, die aus den unteren Schichten kommen und für die sich das Handicap der Klasse mit dem der Rasse verbindet. Das ist keine fixe Idee. Wie wir gesehen haben, gehören die konkreten Diskriminierungspraktiken, auch wenn sie nicht mehr wie zu Zeiten des »Eingeborenenrechts« legal, sondern nach Recht und Gesetz verboten sind, weiterhin zum Tagesgeschäft.

Die gegenwärtige Situation weist noch ein zweites Merkmal auf, das Züge französischer Kolonialvergangenheit aufleben lässt, wenn auch nicht vollkommen reproduziert. Wie wir betont haben, war es ein Leitgedanke der Kolonisation, dass der »Eingeborene«, um der französischen Staatsbürgerschaft würdig zu sein, eine strikte Konformität mit den Prinzipien der Republik zu beweisen hatte und auf seine der Assimilation entgegenstehende Herkunftskultur verzichten musste. Noch heute verlangt der republikanische Universalismus das Aufgeben der Partikularismen, was an sich vielleicht nicht verwerflich ist, wenn dieses Opfer auch tatsächlich belohnt wird. Die Bevölkerungsgruppen »mit Migrationshintergrund« werden aber mehrheitlich darauf verpflichtet, allen Zugehörigkeiten abzuschwören, ohne dass ihnen das zu *ihrem* Land gewordene Aufnahmeland jenes Mindestmaß an Möglichkeiten und Anerkennung gewährt, das ihre soziale Unabhängigkeit sichert. Sie können sich also betrogen fühlen. Die hehren Grundsätze der Republik üben gegenüber den ethnischen Minderheiten eine große Gewalt

30 Zit. n. Saada, »Une nationalité par degré«.

aus. Wer das Zeichen einer anderen Kultur trägt, wird in seiner Würde nicht anerkannt. Seine Zugehörigkeit wird abqualifiziert und kann zur Quelle von Schande werden. Überdies wird er als Gefahr für die Republik beargwöhnt, weil er den Kommunitarismus heraufbeschwört.

Das wird durch nichts besser illustriert als durch die Art und Weise, wie in Frankreich mit der muslimischen Religion umgegangen wird, ein Verhältnis, das im langen Drama um die »Kopftuchaffäre« seinen bezeichnenden Ausdruck fand. Ein paar Mädchen tragen in der Schule ein Kopftuch, und schon erhebt das »tribale Frankreich« gegen das »republikanische Frankreich« sein Haupt.[31] Es ist schwer vorstellbar, dass das Verhalten dieser Mädchen, das noch dazu ganz unterschiedlichen Motiven folgt, die Französische Republik bedrohen könnte. Die Grundsätze des französischen Laizismus werden viel gravierender durch die absolute Nicht-Anerkennung des Islam, Frankreichs zweiter Religion, in Frage gestellt. Das Gesetz von 1905 verfügt, dass der Staat die verschiedenen Religionen nicht subventionieren darf, wohl aber ihre freie und gleichberechtigte Ausübung zu gewährleisten hat. Für die muslimische Religion scheint das nicht zu gelten. Immer wieder setzen die Kommunen ihr Vorkaufsrecht bei kommunalem Bauland ein, um den Bau von Moscheen zu verhindern. Wenn sie ihn genehmigen, also dem Geist des Gesetzes von 1905 folgen, ist durchaus nicht gesagt, dass es auch dazu kommt. Beispielsweise hat ein Verwaltungsgericht nach einer Klage, die Bruno Mégrets Republikanische Nationalbewegung gegen die »Islamisierung unseres Landes« angestrengt hat, den von einer Gemeinde für den Bau einer Moschee gewährten Erbpachtvertrag (die auf 99 Jahre befristete Überlassung eines Grundstücks zum symbolischen Betrag von 1 Euro) wieder kassiert.[32] Das ist keine Anekdote, sondern ein gutes Beispiel für negative Diskriminierung. Auch die Justiz beugt sich dem Druck der Islamophobie und missachtet den Geist des Laizitätsgesetzes.

---

31 Alain Finkielkraut, »Voiles, la sainte alliance des clergés«, in: *Le Monde,* 25. Oktober 1989.

32 Vgl. Jean Bauberot, »Laïcité: la loi de 1905 mise en cause«, in: *Le Monde,* 18. Juli 2007.

Nach demselben Muster wird der religiöse Beistand für Häftlinge muslimischen Glaubens trotz ihres hohen Anteils in den französischen Gefängnissen nur schlecht oder gar nicht gewährleistet,[33] obwohl nach dem Gesetz von 1905 »in öffentlichen Einrichtungen wie Gymnasien, Collèges, Schulen, Hospizen, Heimen oder Gefängnissen« die Möglichkeit zur Inanspruchnahme religiöser Dienste bestehen muss. Auch hier wird die muslimische Religion diskriminiert, ebenso in der Schule, wenn auch in anderer Form. Das republikanische Laizitätskonzept hat sich mit der Existenz von konfessionellen Privatschulen arrangiert, in denen Religionsunterricht erteilt wird. Warum werden zum Beispiel muslimische Privatschulen nicht ebenso in das staatliche Bildungswesen integriert wie katholische Schulen?

Ich beziehe mich hier nicht auf die religiösen Inhalte, sondern auf die Tatsache, dass die muslimische Religion in der französischen Gesellschaft weniger als eine der drei Buchreligionen denn als Indikator für eine gegenüber der herrschenden Kultur defizitäre Identität behandelt wird. Nach den republikanischen Prinzipien dürfte es im Umgang mit religiösen und kulturellen Besonderheiten nicht zweierlei Maß geben. Dass dies der Fall ist, zeigt an, dass die Zugehörigkeit zum Islam als ein indigenes Erbe betrachtet wird, das heißt, rassisch gefärbt ist, und in der französischen Gesellschaft kein volles Bürgerrecht hat. Republikanische Fundamentalisten und rechtsextreme Nationalisten haben diesbezüglich gemeinsam, dass sie das in ihren Augen Nicht-Republikanische oder Nicht-Französische im Namen einer monolithischen Auffassung von Frankreich und der Republik disqualifizieren. »Die Bevölkerungsgruppen mit kolonialem oder postkolonialem Migrationshintergrund (um die es hier geht) sitzen also in der Zange zwischen republikanisch-nationalistischem Legalismus und rassistisch-nationalistischem Populismus.«[34] Was bleibt ihnen anderes übrig als die Rückbesinnung auf ihre Herkunft, um sie zu verherrlichen oder aufgrund dieser Herkunft partikularistische Ansprüche zu erheben? Die Differenz wird zur Gefahr, wenn sie negiert oder missachtet wird. Dann kann aus der Zugehörigkeit zum Islam radikaler

33 Vgl. Khosrokhavar, L'Islam dans les prisons.

34 Rudder/Poiret/Vourc'h, L'inégalité raciste, S. 11.

Islamismus werden oder die Tatsache, dass man als Schwarzer entwürdigt wird, dazu veranlassen, als Opfer der Sklaverei Reparationen zu fordern. Man macht es sich zu einfach, wenn man über die Gefahren eines Kommunitarismus klagt, den man selbst mit aufgebaut hat.

Der Kommunitarismus ist eine Gefahr für die Einheit der Nation, wenn damit das Verhalten autonomer Gruppen gemeint ist, die sich nicht an die Gesetze halten. Das gibt es in Frankreich nicht. Jedenfalls noch nicht, doch eine rigide Instrumentalisierung des republikanischen Modells könnte genau das Problem schaffen, das sie zu bekämpfen meint. Wenn die kulturellen Unterschiede nicht akzeptiert werden und ihnen in der Nation kein Platz eingeräumt wird, dann werden die von ihr Ausgestoßenen zum Rückzug auf ein kommunitäres Unter-sich-Bleiben verurteilt. Unter sich bleiben dann auch jene Gralshüter der Staatsbürgerschaft, die in die französische Gesellschaft besonders fest und klassisch integriert sind und mit vorzugsweise weißer Haut und sicherem Arbeitsplatz außerhalb der Problemgebiete leben. Durch eine Verschärfung der Kriterien für die Anerkennung als vollwertiger Bürger stellt sich, mit den Worten von François Dubet, eine bestimmte republikanische Rhetorik in den Dienst des »Verteidigungsblocks der Privilegierten der Republik«.[35]

Kann es eine multikulturelle Republik geben?

Zur Überwindung dieser für die Einheit der Nation fatalen Spaltung bedarf es einer klaren Anerkennung des kulturellen Pluralismus und einer strikten Gleichbehandlung der Bevölkerungsgruppen mit ethnisch-kulturellen Besonderheiten.

Acht Millionen der Einwohner Frankreichs gehören »sichtbaren Minderheiten« an (sind also nicht weiß), wobei fünf bis sechs Millionen von ihnen in Frankreich geboren sind. Fünf bis sechs Millionen sind maghrebinischer Herkunft, davon 3,5 Millionen

---

35 François Dubet, »Le retour à l'ordre, et après?«, in: Banlieue, lendemains de révolte, S. 68.

französische Staatsbürger (darunter 500000 Harkis[36]). Der schwarze Bevölkerungsanteil (aus den Überseedépartements und dem subsaharischen Afrika) wird auf zwei Millionen geschätzt, davon 1,5 Millionen Franzosen. Etwa eine Million Menschen asiatischer Herkunft leben in Frankreich, desgleichen 3,6 Millionen Ausländer, von denen 510000 in Frankreich geboren sind. Mehr als 1,5 Millionen gebürtige Ausländer haben die französische Staatsbürgerschaft erworben.[37]

Diese Zahlen beinhalten allesamt eine Fehlertoleranz (weil es zur ethnischen Herkunft keine zuverlässigen Statistiken gibt) und lassen sich auch nicht einfach addieren, weil sie nach unterschiedlichen Kriterien erstellt wurden. Gleichwohl sind mehr als zehn Millionen Menschen, etwa 15 Prozent der in Frankreich lebenden Bevölkerung, nicht »einheimischer« Herkunft, wobei mehr als die Hälfte von ihnen die französische Staatsbürgerschaft hat.

Anders gesagt, Frankreich ist längst ein pluriethnisches und plurikulturelles Land und wird es in Zukunft immer mehr werden. Der Zusammenhang zwischen diesem Pluralismus und den Migrationsströmen von gestern und heute liegt auf der Hand. Wenn sich die Einwanderung mit aller Macht durchsetzt, dann nicht nur wegen der größeren Durchlässigkeit der Grenzen und weil die Staaten immer größere Schwierigkeiten haben, sie zu kontrollieren. Auch interne Eigentümlichkeiten der französischen Gesellschaft spielen eine Rolle. Wie François Héran anhand von Bevölkerungsprognosen des französischen Statistikamts zeigt, wird »die Bevölkerungsmigration bald der wichtigste oder sogar einzige Faktor unseres demographischen Wachstums sein«.[38] Die Alternative, auch unabhängig von der Frage der Arbeitsmigration, wäre die zwischen rückläufiger Bevölkerungsentwicklung und weiterem Wachstum. In Wahrheit gibt es aber keine Alternative zur Immigration: »Es geht nicht um die Frage, ob man dafür oder dagegen ist. Das wäre genauso müßig wie die Frage, ob man für oder gegen die Alterung

36 Algerische Freiwillige in der französischen Kolonialarmee und ihre Nachkommen (A. d. Ü.).

37 Vgl. Salvator Erba, Une France pluriculturelle, Paris 2007.

38 François Héran, Le Temps des immigrés. Essai sur le destin de la population française, Paris 2007, S. 12.

ist.«[39] Héran evoziert das Bild eines Frankreich, das in einigen Jahrzehnten durch eine langsame »Infusion« der aufgenommenen und noch aufzunehmenden Populationen dem ähneln könnte, was heute die Insel Réunion ist: ein Teil der französischen Nation, wo unterschiedliche, sowohl »reine« wie auch gemischte Ethnien mit allen möglichen Religionen nach den Gesetzen der Französischen Republik zusammenleben, ohne jegliche Zusammenstöße von Kommunitarismen. Die Réunion ist sicherlich kein Paradies, zeigt aber, dass eine Vermischung der Ethnien und die Achtung der damit verbundenen kulturellen Besonderheiten im Rahmen der französischen Nation keine Utopie ist. Die Republik fiele nicht auseinander, wenn sie auf eine Uniformität der nationalen Identität, gleichbedeutend mit der metropolitanen Vorherrschaft der einheimischen Mehrheits-»Ethnie«, verzichten würde. Sie sollte Phantasie und Offenheit beweisen, um Differenzen aufzunehmen und sie friedlich koexistieren zu lassen, damit sie sich gegenseitig bereichern. Auch Wachsamkeit, weil es immer Störungen geben kann: Ein harmonischer Pluralismus ist nie von vornherein gegeben, er muss hergestellt werden. Die gegenwärtige Situation zeigt aber, dass auch ein monolithisches Modell der Republik zu Störungen führt, die man dringend beheben muss.

Wenn die Möglichkeit eines wirklichen Pluralismus vielen sehr unsicher oder sogar illusorisch erscheint, dann vielleicht auch deshalb, weil wir damit beschäftigt sind, uns Angst einzujagen. Es gibt in Frankreich einen sehr verbreiteten Diskurs über die »Natur« der Bevölkerungsgruppen »mit Migrationshintergrund«, der sich vor allem an den Vorstadtjugendlichen festmacht. Wenn sie sich in dieser Situation befinden, heißt es, dann deshalb, weil sie aus ihr nicht herauskommen können und oft auch nicht wollen. Sie sind gewalttätig, asozial, aufsässig, machistisch, arbeitsscheu und allergisch gegen die Grundregeln der Soziabilität, sie hassen Frankreich und wollen nichts mit ihm gemeinsam haben, außer von ihm zu profitieren. Das ist, ins Extrem getrieben, das Paradigma des Indigenen, dem durch sein kulturelles Erbe der Zugang zu den Normen der »zivilisierten Zivilität« verstellt ist. Vorbehaltlich einer eingehen-

---

39 Ebenda, S. 105.

deren Untersuchung – diese Jugendlichen sind ja auch Opfer ihrer Situation, und man bekommt die Ursachen dieser Konflikte nicht dadurch in Griff, dass man die Opfer zu Tätern macht – könnte diese Vorstellung auf die am äußersten Rand stehenden desozialisierten und perspektivlosen Jugendlichen einigermaßen zutreffen. Einige Zehntausend dürfte es geben, die in der Tat ernsthafte Probleme für die öffentliche Ordnung aufwerfen, die unmittelbare polizeiliche Maßnahmen erfordern. Die Mystifikation beginnt aber dann, wenn dieses Bild wie in einem Haloeffekt auf sämtliche Bevölkerungsgruppen mit Migrationshintergrund ausstrahlt, denen aufgrund ihrer Herkunft unterstellt wird, sie könnten oder wollten nicht zur französischen Gesellschaft gehören.

Alle halbwegs seriösen Untersuchungen weisen diese rein ideologische Konstruktion entschieden zurück. Eine neuere Erhebung des amerikanischen Pew Research Center über die Integration der Muslime in vier europäischen Ländern zeigt, dass in Frankreich 72 Prozent der muslimischen Franzosen keinen Konflikt zwischen der islamischen Religionsausübung und der Tatsache sehen, dass sie in der französischen Gesellschaft leben; 91 Prozent von ihnen haben eine gute Meinung von den Christen und 71 Prozent von den Juden – Anteile, die im Durchschnitt doppelt so hoch sind wie bei den britischen, deutschen oder spanischen Muslimen.[40] Eine weitere Erhebung zeigt, dass die überwiegende Mehrheit der eingewanderten Arbeiter nach Erreichung des Rentenalters in Frankreich bleiben will.[41] Was die Jugendlichen betrifft, so zeigt eine Studie über junge Maghrebiner im Alter von 18 bis 30 Jahren, die in Frankreich geboren sind, dass 78 Prozent von ihnen ein engeres Verhältnis zu Franzosen als zu ihren Eltern haben; 70 Prozent wollen eine Französin heiraten und 64 Prozent wären nach eigenem Bekunden bereit, für Frankreich zu kämpfen.[42]

---

40 Smaïn Laacher, L'Immigration, Paris 2006, S. 106.

41 Claudine Attias-Donfut (Ltg.), Passage à la retraite des immigrés, Paris 2004, S. 109.

42 Claude-Valentin Marie, »Enjeux actuels de la lutte contre les discriminations en France«, in: Daniel Borrillo, Lutter contre les discriminations, Paris 2003, S. 126.

Man könnte weitere dieser etwas ermüdenden Daten anführen. Sie machen allesamt deutlich, dass der gegen die Werte der französischen Gesellschaft eingestellte Muslim buchstäblich eine Rassenkonstruktion ist, im Sinne jenes differentialistischen Rassismus, der die im Rahmen eines kolonialistischen Herrschaftsverhältnisses den Indigenen zugeschriebene kulturelle Minderwertigkeit essentialisiert und reproduziert. Wenn man dieses Vorurteil überwindet, gibt es keinen Grund zu der Annahme, dass der einstige »Eingeborene« nicht mitsamt der von ihm bewahrten Kultur in den offeneren Rahmen der Nation ohne Weiteres integrierbar ist. Um dies zu verwirklichen, müssten wir mit aller Kraft die gegenwärtigen Diskriminierungen bekämpfen und eine wirkliche Gleichbehandlung der unterschiedlichen Bestandteile der französischen Bevölkerung fördern.

In Bezug auf den ersten Punkt kann man in den letzten zehn Jahren einen wirklichen Fortschritt in den Bemühungen beobachten, die Realität der Diskriminierung und ihren skandalösen Charakter zur Kenntnis zu nehmen. Nachdem das Problem im Allgemeinen unter den Teppich gekehrt worden war, haben sich in Frankreich seit Ende der 1990er Jahre Instrumente für eine staatliche Politik der Bekämpfung von Diskriminierungen etabliert. Der Bericht des Hohen Rates für die Integration erkennt im Jahre 1998 ausdrücklich an, dass die Diskriminierung »farbige Franzosen vor allem aus Übersee oder nicht-europäischer Herkunft« betrifft.[43] Gleiches gilt für den im Jahre 1999 dem Ministerium für Beschäftigung und Solidarität vorgelegten Belorgey-Bericht.[44] Im Jahre 1989 werden auf Regierungsinitiative die Arbeitsgruppe zur Bekämpfung von Diskriminierungen (*Groupe d'étude et de lutte contre les discriminations* – GELD), die Kommissionen für den Zugang zur Staatsbürgerschaft (*Commissions d'accès à la citoyenneté* – CODAC) und der Aktions- und Unterstützungsfonds für die Integration und für die Bekämpfung von Diskriminierungen (*Fonds d'action et de soutien pour l'intégration et la lutte contre les discriminations* –

---

43 Luttes contre les discriminations: faire respecter le principe d'égalité. Rapport au Premier ministre, Paris 1998.

44 Jean-Michel Belorgey, Lutter contre les discriminations. Stratégies institutionnelles et normatives, Paris 2001.

FASILD) ins Leben gerufen. Im Jahre 2000 richten die französischen Behörden eine Grüne Nummer (die 114) ein, um Klagen über rassische Diskriminierung entgegenzunehmen und deren strafrechtliche Verfolgung einleiten zu können. Das Gesetz vom 16. November 2001 kehrt im Falle von Diskriminierung die Beweislast um: Der Arbeitgeber muss seine Unschuld belegen. Das Gesetz vom 30. Dezember 2004 bekräftigt, dass »jeder ungeachtet seiner nationalen Herkunft und seiner tatsächlichen oder vermeintlichen Zugehörigkeit oder Nicht-Zugehörigkeit zu einer Ethnie oder Rasse das Recht auf Gleichbehandlung hat« und richtet die Hohe Behörde gegen Diskriminierung und für Gleichbehandlung (*Haute Autorité de lutte contre les discriminations et pour l'égalité* – HALDE) ein, die Klagen entgegennimmt, Untersuchungen (zum Beispiel »Stichproben«) durchführt und die Staatsanwaltschaft einschalten kann. Zu diesen staatlichen Initiativen hinzu kommt die Unterzeichnung einer »Charte de la diversité« (2004) durch französische Großunternehmen,[45] die sich zur Förderung der ethnischen Vielfalt bei der Einstellung verpflichten.[46]

Diese Maßnahmen sind nicht unbedeutend und von guten Absichten getragen. Sie werden aber dem Problem nicht gerecht. Die HALDE erhielt zum Beispiel im Jahre 2006 etwa 2000 Beschwerden, von denen etwa 40 der Justiz übergeben wurden, was angesichts der gesellschaftlichen Realität der Diskriminierung fast lächerlich anmutet.[47] Hätte sie weitergehende oder sogar polizeiliche Befugnisse, könnte sie bestenfalls bestimmte Diskriminierungspraktiken eindämmen, ohne dass sich dies auf die Entwicklungen auswirkt, durch die sie entstehen. Diese Art von Maßnahmen kann zwar für einzelne Opfer von Ungerechtigkeiten eine Entschädigung erwirken, berührt aber nicht den allgemeinen Charakter der Diskriminierungserscheinungen.

Die französische Gesellschaft hat das Ausmaß rassischer Diskriminierung besser zur Kenntnis genommen und in dieser Hinsicht

---

45 Die davon angeregte deutsche Unternehmensinitiative nennt sich »Charta der Vielfalt« (2006), auch »Diversity-Charta« (A. d. Ü.).

46 Vgl. Karim Amidal, Discriminez-moi. Enquête sur nos inégalités, Paris 2005.

47 Vgl. Laacher, L'Immigration.

zweifellos Fortschritte gemacht, was auch mit dem gleichzeitigen Anwachsen der oben angesprochenen Bewegungen von Diskriminierungsopfern zusammenhängt. Ein wirksamer Kampf gegen Diskriminierung lässt sich aber nicht in erster Linie auf dieser repressiven Ebene führen, mag sie auch unverzichtbar sein. Man müsste das Verhältnis zwischen den sozialen Gruppen verändern. Kann man jenen Gruppen, die heute durch Diskriminierung in Verruf gebracht werden, eine andere Stellung in der Gesellschaft verschaffen?

Was die ethnischen Minderheiten diskriminiert, ist die doppelte Benachteiligung der Rasse und der Klasse, die man simultan bekämpfen muss. Die Rassifizierung entsprach der Entwertung indigener Kulturen im Rahmen kolonialer Herrschaftsverhältnisse. Eine tatsächliche und endgültige Überwindung dieser kolonialen Situation muss darin zum Ausdruck kommen, dass die inferiorisierten Kulturen und ihre Vertreter gleichberechtigte Aufnahme finden. Diese Notwendigkeit ist umso größer, als wir uns nicht nur jenseits des Kolonialismus, sondern auch im Strom der Globalisierung befinden, die diese unterschiedlichen Kulturen – und das heißt auch unterschiedlichen Religionen und Lebensweisen – mehr und mehr auf französischen Boden spült. Das republikanische Modell muss beweisen, dass es sich nicht auf die Form reduziert, die einer weitgehend monoethnischen, monokulturellen und monoreligiösen Gesellschaft entsprach. Als Beispiel könnte dienen, was dem Gesetz von 1905 in Bezug auf die Religion gelang: Es hat aus einem zutiefst katholischen, aber auch von grausamen Religionskriegen zerrissenen Land eine Nation gemacht, in der die Religionen auf Grundlage des republikanischen Laizitätsprinzips einander tolerieren, Formen des Austauschs und der Auseinandersetzung entwickeln und sogar miteinander konkurrieren können. Dies sollte nun auch für den Islam gelten, und zwar nicht im Namen des Islamismus, sondern der republikanischen Laizität.

Über die religiöse Dimension der Kultur hinaus könnte das republikanische Modell einen weiteren Horizont eröffnen, den Achille Mbembe, zweifellos einer von denen, deren Kultur die Schranken von Nationen und Rassen überwunden hat, so charakterisiert: »Die Kraft unseres Universalismusmodells liegt in unserem Verständnis, dass das Band zu denen, die nicht die Unseren sind, zu einem sehr großen Teil in der Erfahrung von gemeinsamer Geschichte besteht, gerade wenn sie negiert wird.«[48] Dieser Weg führt eher zu einem gewissen Kosmopolitismus als zu jener Verherrlichung des Nationalismus, in der wir uns heute zu gefallen scheinen. Er ist gewiss riskant, entspricht aber dem Verständnis eines republikanischen Universalismus, wie er zur Zeit der Französischen Revolution konzipiert wurde: der Förderung gemeinsamer Prinzipien, die für die menschliche Gemeinschaft Gültigkeit haben, anstelle des Rückzugs auf nationalen Ethnozentrismus. Zu einem Zeitpunkt, wo die Lage der Welt nach der Überwindung nationaler Denk- und Handlungsmuster verlangt, könnte er die einzige Alternative zum Nationalismus sein.

Kampf gegen Diskriminierung bedeutet auch und im selben Maße den Abbau der Disparitäten in der sozialen Lage, aufgrund deren die ethnischen Minderheiten unter den Opfern von Prekarität, Arbeitslosigkeit und sozialer Unsicherheit überproportional vertreten sind. Die Rassenfrage verdrängt die soziale Frage nicht; ihre jeweiligen Auswirkungen überlagern sich. Das gilt, wie wir betont haben, für die Vorstadtjugendlichen in besonderem Maße. In der Arbeitswelt repräsentieren viele von ihnen eine Form des Proletariats oder vielmehr des modernen Subproletariats, das sich, zwischen Beschäftigung und Beschäftigungslosigkeit, oft an den Randzonen des wirtschaftlichen Systems durchschlägt. In der Schule sind sie oft in den am stärksten benachteiligten Bildungsgängen zu finden, erleben schulischen Misserfolg und die Unfähigkeit, ihr so geringes schulisches Kapital auf dem Arbeitsmarkt zu verwerten. Ganz offensichtlich müsste der Kampf gegen Diskriminierung zuallererst mit dem Abbau dieser Benachteiligungen beginnen, die diese Jugendlichen auf der sozialen Stufenleiter ganz unten ansiedeln.

Ohne positive Diskriminierungsmaßnahmen dürfte diese Aufgabe kaum zu bewältigen sein. Der Abstand zwischen der Lage dieser Jugendlichen und der Allgemeinheit (in der Schule, im Arbeitsleben, häufig aber auch auf dem Wohnungsmarkt und in Situa-

---

48 Achille Mbembe, »La République et l'impensé de la race«, in: Blanchard/Bancel/Lemaire (Hg.), La Fracture coloniale, S. 157.

tionen des Alltagslebens) ist so groß, dass es besonderer Maßnahmen bedarf, um für die in dieser Hinsicht Benachteiligten zusätzliche Mittel und Wege bereitzustellen. Das ist der Sinn positiver Diskriminierungspolitik. Sie bringt aber auch eine Gefahr mit sich. Indem sie auf besonders benachteiligte Bevölkerungsgruppen zielt, stellt sie deren Handicap gewissermaßen heraus und setzt ihre Nutznießer der öffentlichen Missgunst aus. Bei ethnischen Minderheiten ist diese Gefahr besonders groß. Eines der Argumente, die den populären Rassismus geschürt haben, bestand bekanntlich darin, dass diese Bevölkerungsgruppen Sozialleistungen einstreichen würden, die eigentlich den »richtigen« Franzosen zustünden. Was wäre, wenn die »Vergünstigungen« speziell diesen Bevölkerungsgruppen vorbehalten würden, zum Beispiel nach einem Quotensystem?

Die Territorialisierung dieser Politik bietet hier einen Ausweg. Die besonderen Maßnahmen werden auf ein geographisches Gebiet, auf ganz bestimmte Stadtteile und ganz bestimmte Schulen begrenzt. Sie kommen den darin vertretenen und überrepräsentierten ethnischen Minderheiten zugute, aber nicht nur ihnen. Dadurch wird die Kritik an der ethnischen Zielgruppenorientierung ausgehebelt. Das ist kein bloßer Trick. Der Sinn territorialisierter Maßnahmen liegt auch darin, dass sie den Zusammenhang von Rassenfrage und sozialer Frage aufzeigen. Gezielte Maßnahmen zur Bekämpfung von Schulversagen, Arbeitslosigkeit, Prekarität oder sozialer Unsicherheit sind für Jugendliche der unteren Schichten ganz allgemein nicht minder nötig wie speziell für diejenigen aus ethnischen Minderheiten. Ihre Positionen in der Sozialstruktur liegen sehr nahe beieinander, auch wenn die ethnische Diskriminierung den Übeln, unter denen alle Unterschichtgruppen leiden, eine weitere Diskreditierung hinzufügt. Die Politik zum Abbau dieser Ungleichheiten erfolgt also zum gemeinsamen Nutzen dieser Gruppen, jenseits von ethnischen Spaltungen. Dieser Typ von Maßnahmen dient mithin der positiven Diskriminierung all seiner Nutzer und will ihnen dabei helfen, ihre Benachteiligung zu überwinden.

Die Kritik an dieser positiven Diskriminierungspolitik, die in Frankreich vor allem in der zweifachen Form von Bildungsförderungsgebieten (ZEP) und sozialintegrativer Stadtpolitik eingeleitet wurde, mag also zutreffend sein, ist aber nicht ausschlaggebend. In Frage zu stellen sind ihre unzureichenden Mittel und begrenzten Umsetzungsformen und nicht ihre Prinzipien. Man kann Jugendliche nicht ihrem Schicksal überlassen, die so weit vom klassischen Bildungssystem und seinen Anforderungen entfernt sind, dass sie von totaler Desozialisierung bedroht sind. Ebenso wenig kann man in heruntergekommenen Stadtgebieten die schwächsten Bevölkerungsgruppen, für die das tägliche Leben oft eine ständige Herausforderung ist, sich selbst überlassen. Besondere Maßnahmen zu ihren Gunsten sind unabdingbar, damit sie wieder Anschluss finden.

Das heißt auch, dass diese Maßnahmen als vorläufige gedacht werden müssen und eine vorbereitende Funktion haben, um in umfassendere Reformen zu münden. Im Rahmen der Bildungsförderungsgesetze ließe sich zum Beispiel eine auf die unteren Schichten zugeschnittene Pädagogik entwickeln, die allen Kindern auf der Basis einer reformierten Einheitsschule die nötigen Grundkenntnisse vermittelt, damit sie sich auf die heutige Welt einstellen können. So gesehen wäre deren Sondercharakter nur eine scheinbare Abweichung von jener Form von Universalismus, die die republikanische Erziehung verwirklichen soll: die gleiche Schule für alle. Er wäre eher Hebel einer praktischen Kritik an den elitären Abweichungen von diesem System, das alle Kinder gleich zu behandeln hat, in Wirklichkeit aber als Selektionsinstrument für den Zugang zu den oberen Rängen fungiert, indem es sukzessive diejenigen Schüler demütigt und ausgrenzt, die für den als Jagd nach Exzellenz begriffenen schulischen Wettbewerb zu schlecht gerüstet sind.[49]

Auch ist die Stadtpolitik nicht dazu verdammt, den Stadtteilen eine Politik aufzuzwingen, die ihnen staatliche Behörden von außen verordnen. Sie kann dazu dienen, die Macht der Einwohner über ihre städtische Umwelt zu aktivieren, indem sie das Vereinsleben entwickelt, die Kommunikationsnetze verbessert und die Einrichtung von Stadtentwicklungsgebieten fördert, damit die Bürger die Voraussetzungen für ihre Autonomie wiedererlangen.[50] Sie soll nicht nur den Stadtteil als solchen sanieren, sondern seinen Bewoh-

---

49 Vgl. François Dubet, L'École des chances, Paris 2004.
50 Vgl. Donzelot, Quand la ville se défait.

nern auch die Möglichkeit geben, aktiv zu werden und nicht darin gefangen zu bleiben.

Diese Vorschläge sind leichter skizziert als realisiert. Sie weisen aber in eine zum Zwecke der Bekämpfung von Diskriminierung unbedingt notwendige Richtung. Ziel dieser Politik ist die Überwindung der Isolation von Bevölkerungsgruppen, die inmitten der französischen Gesellschaft leben und trotzdem nicht wirklich als unsere Mitbürger gelten. Diese Aporie beinhaltet zwei Aspekte, den der politischen und den der sozialen Staatsbürgerschaft. Die volle Anerkennung der politischen Staatsbürgerschaft muss durch eine Öffnung der maßgeblichen republikanischen Konzeptionen erfolgen, damit sie Elemente einer Kultur aufnehmen kann, die von auswärts kommt, aber volles Bürgerrecht haben muss. Das bedeutet, dass ethnische und religiöse Unterschiede einen neuen Platz in der Staatsbürgerschaft erhalten. Diese Frage ist umso wichtiger, als sie nicht nur die Nachfahren betrifft, wie zum Beispiel die Vorstadtjugendlichen »mit Migrationshintergrund«, sondern auch und ganz allgemein die politischen Regulationsformen einer zunehmend plurikulturellen und pluriethnischen Gesellschaft.

Die soziale Staatsbürgerschaft wiederum erfordert zu ihrer vollen Ausübung ein Mindestmaß an Ressourcen und sozialen Rechten, die Grundlage für die soziale Unabhängigkeit der Individuen sind. Es sei betont, dass dies nicht allein für die Bevölkerungsgruppen mit Migrationshintergrund gilt, aber eben *auch für sie*. Das bedeutet, dass alle benachteiligten Gruppen, die aufgrund ihrer Situation nicht über die Voraussetzungen sozialer Unabhängigkeit verfügen, ungeachtet ihrer ethnischen Zugehörigkeit gleich zu behandeln sind. Positive Diskriminierungsmaßnahmen erscheinen in dieser Hinsicht als Stufen, die ihnen zum Aufstieg in diese Unabhängigkeit verhelfen. Sie sind kein Selbstzweck, sondern müssen auf ihre eigene Überwindung abzielen, auf den Zugang zu einer allgemein geltenden Staatsbürgerschaft, in der keinerlei Diskriminierung mehr herrscht, auch keine positive. Das ist eine hochgegriffene Vision. Sie muss aber zumindest als regulative Idee einer republikanischen Staatsbürgerschaft postuliert werden, die jedem seinen Platz nicht nur auf den Wählerlisten, sondern auch in der alltäglichen Ökonomie der sozialen Verhältnisse verschafft.

Schluss

Ich möchte meine Bewunderung für die Revolutionäre zum Ausdruck bringen, die Frankreichs republikanisches Modell schufen. Man musste eine ausgesprochen hohe Meinung vom Individuum und vom Staatsbürger haben, um ihn ins Zentrum des gesellschaftlichen Lebens zu stellen und zum Wahrer und alleinigen Träger der politischen Legitimität zu machen. Es erforderte auch besonderen Mut, sich gegen die herrschenden Mächte der Kirche, des Adels und der lokalen Potentaten, der kleinen wie der großen, zu stellen, die ihre Untertanen in Abhängigkeitsverhältnissen hielten, noch dazu mit dem vermeintlichen Segen göttlicher Transzendenz. Der Sieg der Nation über die Vendée war der eines modernen Gesellschaftsmodells, beruhend auf dem Aufstieg des Individuums gegenüber den Privilegien und traditionellen Abhängigkeiten, die dafür sorgten, dass man nach feudalem Recht »der Mann von« jemandem oder etwas (der eines Herrn, einer Institution, einer Gemeinschaft) war, bevor man das Recht hatte, für sich selbst existieren zu dürfen.

Diese Umwälzung ging nicht ohne Verluste vonstatten. Aber das war der Preis für die Herstellung eines Raums des sozialen und wirtschaftlichen Austauschs, der Verhandlungen wie auch der Kontroversen und Konflikte, in dem sich das Recht gegen die Willkür und das Allgemeininteresse gegen das Partikularinteresse durchsetzen konnte. Heute können wir uns ganz nostalgisch auf die regionalen Sprachen zurückbesinnen, die ins Abseits gedrängt wurden, auf verhöhnte Traditionen und verkannte Besonderheiten, weil wir sie aus unserer jetzigen Sicht bewerten, vergleichen und vielleicht sogar wieder übernehmen können, ohne darin steckenzubleiben. Die Nachfahren der Kelten können jetzt zum Beispiel Bretonisch sprechen und sogar in der Schule lernen, können die Bräuche ihrer Ahnen als Folklore wiederbeleben. Das haben sie aber der Republik zu verdanken, ohne die sie heute Bewohner von Landstrichen wären, die man als »unterentwickelt« bezeichnen würde. Wer die Moderne nicht gänzlich ablehnt, kann nicht bestreiten, dass zwischen dem Aufstieg zu einem ins Universelle mündenden Allgemeinen und den Freiräumen und Sphären der Unabhängigkeit jedes Einzelnen ein grundlegender Zusammenhang besteht. Als gebürtiger Bretone verlange ich von der Republik weder eine Entschuldigung noch eine Entschädigung, fühle mich ihr vielmehr zu Dank verpflichtet.

Natürlich zeichne ich ein zu idyllisches Bild oder besser gesagt ich überspringe die Etappen. Vergessen wir nicht, dass sich die Staatsbürgerschaft in Frankreich und Westeuropa zunächst im Rahmen dessen durchgesetzt hat, was Peter Wagner »die restringiert liberale Moderne« nennt.[1] Nicht nur die französischen Frauen erlangten erst nach dem Zweiten Weltkrieg die vollen politischen Rechte, auch ein Großteil der Bevölkerung in der nachrevolutionären Epoche nahm noch sehr lange eine gesellschaftliche Stellung ein, die ihm die vollständige Ausübung der Staatsbürgerschaftsrechte verwehrte. Ein Proletarier, Kleinbauer oder Arbeiter, der »von der Hand in den Mund« lebt, ist nur in sehr geringem Maße Staatsbürger, auch lange nach Aufhebung der das Wahlrecht begrenzenden Zensusschranken. Er ist meilenweit von der Konzeption jenes Staatsbürger-Individuums entfernt, das der Erklärung der Menschen- und Bürgerrechte vorschwebt. Und schon gar kein Staatsbürger ist natürlich der Primitive, der Wilde, Sklave oder Indigene, der gänzlich außerhalb der Sphäre der Politik steht und in die gesellschaftliche Sphäre nur in Form von einseitigen Herrschaftsverhältnissen eintritt.

Die »restringiert liberale Moderne« hat also eine äußerst enge Staatsbürgerschaftskonzeption entwickelt. In der Sphäre ihrer direkten Jurisdiktion, der Nation, schloss sie die große Masse der Bevölkerung lange Zeit von der Staatsbürgerschaft aus. Es reichte nicht, nur Franzose zu sein, um wirklich Staatsbürger zu sein. Schließlich verfügte auf dreiviertel der Erde fast die gesamte Bevölkerung nicht über die Voraussetzungen der Staatsbürgerschaft.

Festzuhalten ist, dass sich die Demokratisierung der Staatsbürgerschaft im nationalen Rahmen vollzog, genauer gesagt: im Rahmen bestimmter Nationalstaaten. In Westeuropa hat sich in einer langen, fast ein Jahrhundert währenden Periode von Konflikten

---

1 Peter Wagner, Soziologie der Moderne. Freiheit und Disziplin, Frankfurt am Main 1995, S. 71ff.

eine soziale Staatsbürgerschaft entwickelt, die der Mehrheit der einheimischen Bevölkerung in Form einer umfassenden sozialen Sicherung – einer Sozialversicherung im Sinne des Wortes – die Voraussetzungen für ihre Unabhängigkeit garantiert. Das ist das Gegenstück zur politischen Staatsbürgerschaft. Durch sie kann sich die volle Ausübung der Staatsbürgerschaft, die unter der restringierten Moderne das Vorrecht einer Elite war, auf die große Mehrheit der Bevölkerung dieser Nationalstaaten ausweiten.

Damit bleiben wir aber im Rahmen der Vorherrschaft westlicher Zivilisation. Die meisten Regionen der Welt stehen außerhalb dieser Entwicklung. Und man muss darauf hinweisen, dass zwischen dieser Demokratisierung der Staatsbürgerschaft und der dominanten Stellung der Nationalstaaten, die sie umgesetzt haben, ein Zusammenhang besteht. Diese Staaten können auch deshalb anspruchsvolle Sozialprogramme entwickeln, weil sie von einem System ungleicher Tauschbeziehungen profitieren, das ihnen durch koloniale und später postkoloniale Herrschaftsverhältnisse externe Ressourcen verschafft.

Das ist zu Beginn der 1970er Jahre in Westeuropa noch immer die vorherrschende Situation.[2] Im Falle Frankreichs ist die große Mehrheit der Bevölkerung durch umfassende soziale Sicherungssysteme geschützt. Es gibt marginale Ausfransungen, von den Franzosen kaum zufällig als »Vierte Welt« bezeichnet, analog zur »Dritten Welt« der noch »unterentwickelten« Weltregionen, in denen Armut und soziale Unsicherheit herrschen.[3] Zu Beginn dieser 1970er Jahre hätte man, metaphorisch zumindest, sagen können, dass Frankreich in der Metropole seine eigenen Indigenen hatte,

---

2 Die Vereinigten Staaten stellen einen Sonderfall dar. Sie stehen an der Spitze der wirtschaftlichen Entwicklung und einer Politik imperialistischen Typs, haben aber die Voraussetzungen allgemeiner sozialer Staatsbürgerschaft kaum entwickelt. Zur Berücksichtigung dieser Besonderheit bedürfte es längerer Ausführungen.

3 Erinnern wir daran, dass ganz am Ende des Ancien Régime der Begriff des »vierten Standes« für den unterhalb des Dritten Standes angesiedelten Plebs aufgetaucht ist, also zur Bezeichnung sozialer Schichten, die, wenngleich marginal, in die reguläre Status- und Ständestruktur eingeschrieben waren (vgl. Dufourny de Villiers, Cahiers du Quatrième Ordre, Paris 1789).

die zwar Einheimische waren, aber den Anforderungen einer modernen Arbeitsgesellschaft nicht genügten und als Staatsbürger zweiter Klasse lebten. Man war aber auch ganz allgemein der Ansicht, dass es sich dabei um ein Residualphänomen handelt, um Relikte einer früheren Armut, die mit dem weiteren wirtschaftlichen und sozialen Fortschritt verschwinden würde.

Genau das Gegenteil geschah. Nachdem man schon zu Beginn der 1970er Jahre angefangen hatte, von »der Krise« zu sprechen, geriet Frankreich in eine Gegenentwicklung zum sozialen Fortschritt, die zu vermehrter Unsicherheit und Prekarität führte. So spricht man heute zweifellos weniger von der archaischen Armut der »Vierten Welt«, dafür aber seit Mitte der 1980er Jahre von der »neuen Armut«, und das Thema des »armen Erwerbstätigen« setzt sich seit einigen Jahren beharrlich durch. All das sind Indizien für eine Verschärfung der Situation. Die »neuen Armen« machen deutlich, dass es Menschen gibt, die vielleicht in die Lohnarbeitsgesellschaft integriert waren, aber deren Absicherungen und damit ihre wirtschaftliche und soziale Unabhängigkeit verloren haben. Die »armen Erwerbstätigen« machen sichtbar, dass aufgrund der zunehmenden Verschlechterung der Beschäftigungsbedingungen auch ein Arbeitsplatz diese Unabhängigkeit nicht mehr voll und ganz garantiert.

Die Frage der Vorstädte fügt sich in diese Spirale ein und bildet den gegenwärtigen Schlusspunkt. Immanuel Wallerstein zeigt im Anschluss an die Arbeiten von Fernand Braudel, dass sich der Kapitalismus im Rahmen einer »Weltökonomie« entwickelt, die im Wesentlichen die asymmetrische Beziehung eines Zentrums zu seinen Peripherien ist.[4] Diese Asymmetrie betrifft aber nicht nur das Verhältnis zu anderen Ländern. Es kann auch Peripherien innerhalb der Nation geben, eine Art innersozietären »Süden«, in dem sich die Schattenseiten dieser Gesellschaftsform verdichten: Armut, Gewalt, Rassismus, öffentliche und soziale Unsicherheit. »In diesen Randzonen erinnert das Leben oft an das Fegefeuer oder gar an die Hölle«, sagte schon Fernand Braudel.[5]

---

4 Vgl. Immanuel Wallerstein, The Capitalist World Economy, Cambridge 1979.

5 Fernand Braudel, Die Dynamik des Kapitalismus, dt. von Peter Schöttler, Stuttgart 1986, S. 76.

Das aktuelle System des Kapitalismus heizt diese Spannungen an, indem es die transnationale Konkurrenz verschärft. Die Peripherien entfernen sich und rücken gleichzeitig näher. Sie reichen bis zu den entlegensten Grenzen der Weltökonomie, etablieren sich aber auch innerhalb der Nationalstaaten, die an Kohäsionskraft verlieren. Auf diese Weise ziehen sie Individuen und Gruppen in ihren Bannkreis, die sich näher am Zentrum befinden, und höhlen Staatsbürgerschaft aus.

Die Peripherie, in Frankreich die Banlieue, stellt damit gleichsam eine Verdichtung von Rassenfrage und sozialer Frage dar, weil die von der einen wie von der anderen am stärksten Betroffenen dort in großer Zahl leben müssen. Dass sich diese Fragen besonders akut an der Peripherie stellen, bedeutet aber nicht, dass es sich um ein peripheres Problem handelt, im Gegenteil. Die in der Banlieue aktuell zu beobachtende Zusammenballung von Formen der Rassendiskriminierung und gravierendsten Faktoren sozialer Auflösung bewirkt, dass über der gesamten Gesellschaft die Gefahr der Spaltung schwebt. Gebannt werden könnte sie nur durch eine Wiederherstellung der Voraussetzungen voller politischer und sozialer Staatsbürgerschaft.

Wir können die Banlieue nicht sich selbst überlassen, weil die sich dort artikulierenden Herausforderungen die Zukunft der gesamten Gesellschaft betreffen. In sozialer Hinsicht können wir uns Armut und Marginalität nicht mehr wie noch vor 30 Jahren als ein Residualphänomen vorstellen, das durch den wirtschaftlichen und sozialen Fortschritt bald verschwunden sein wird. Wir müssen uns mit neuen Formen von Prekarität und Ausgliederung auseinandersetzen. Hinsichtlich der Rassenfrage liegt die koloniale Ära zwar hinter uns, doch die Probleme des Zusammenlebens unterschiedlicher ethnischer Gruppen werden durch die Migrationsströme und die neue demographische Konstellation multipliziert. Wir werden die Voraussetzungen für die Realisierbarkeit einer plurikulturellen und pluriethnischen Republik zu entwickeln haben.

Die Banlieue ist kein Ghetto, sie ist eine Baustelle, auf der viel zu tun, aber auch viel zu lernen ist.

Anhang

erstellt von Nicolas Duvoux

Anhang 1

Name, Hautfarbe, Wohnort: Motive der Diskriminierung

Man hat Jugendlichen mit oder ohne Beschäftigung, die 1998 ihre Ausbildung abgeschlossen hatten, die Frage gestellt: »Waren Sie in Ihrem beruflichen Werdegang Opfer von Diskriminierung? Wenn ja, wie oft?« Die Frage bezog sich speziell auf die Beschäftigungsaufnahme. 40 Prozent der männlichen Jugendlichen maghrebinischer Herkunft waren nach eigener Aussage mindestens einmal Opfer von Diskriminierung bei der Arbeitssuche. Bei Jugendlichen schwarzafrikanischer Herkunft finden sich dieselben hohen Anteile bei den Jungen und etwas geringere bei den Mädchen. Die Diskriminierung aufgrund des Namens steht an der Spitze der von den Jugendlichen mit Migrationshintergrund angegebenen Gründe. An zweiter Stelle der am häufigsten genannten Motive steht die Hautfarbe.

Diskriminierungsmotive bei Männern (Kohorte 1998)

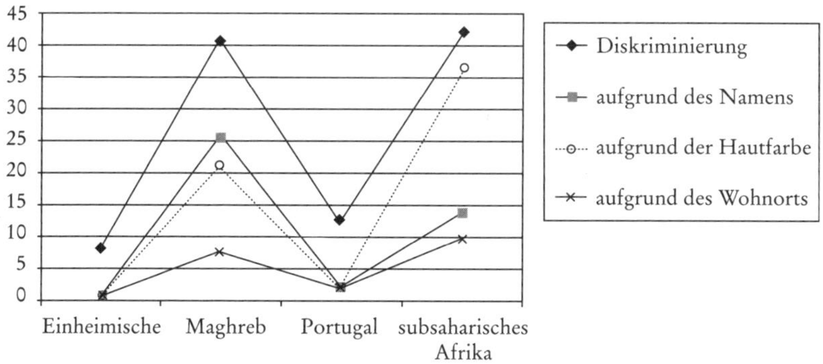

Quelle: Roxane Silberman/Irène Fournier, »Les secondes générations sur le marché du travail en France: une pénalité ethnique ancrée dans le temps. Contribution à la théorie de l'assimilation segmentée«, in: *Revue française de sociologie*, 47, 2006, H. 2, S. 243–292.

Anhang 2

Fünfmal geringere Chancen auf ein Bewerbungsgespräch aufgrund der ethnischen Herkunft

Das Ergebnis dieser nach der Testing-Methode durchgeführten Erhebung zeigt, wie stark sich die verschiedenen Ursachen von Diskriminierung im Arbeitsleben jeweils auswirken. Bei 261 positiven Antworten auf verschickte Bewerbungsunterlagen erhält die »Musterbewerbung« eines in Paris wohnenden Mannes mit französischem Vor- und Nachnamen, weißer Hautfarbe und normalem Erscheinungsbild 75 Einladungen zu einem Bewerbungsgespräch gegenüber 14 Einladungen im Falle eines Bewerbers mit ansonsten identischen Merkmalen, der einen maghrebinischen Vor- und Nachnamen trägt. Die ethnische Herkunft figuriert nach Behinderung und Alter an dritter Stelle der Diskriminierungsmotive. Die Bewerbungschancen werden aufgrund der dadurch erlittenen Diskriminierung um das Fünffache verringert.

Gesamtzahl der Antworten nach Variablen

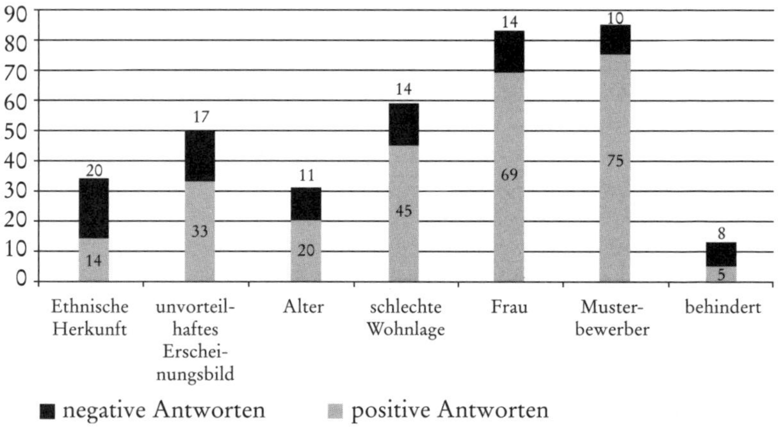

Quelle: Jean-François Amadieu, Enquête ›Testing‹ sur CV – Adia/Paris I-Observatoire des discriminations (2004), *www.adia.fr/pdf/EnqueteDiscrimination 2004.pdf.*

Anhang 3

Diskriminierung in Beschäftigung und Beruf aufgrund der Herkunft

Dass es auf dem Beschäftigungssektor Diskriminierungen aufgrund der »Herkunft« gibt, ist erwiesen. In verschiedenen Regionen ist die Arbeitslosenquote bei eingebürgerten jungen Französinnen und Franzosen »europäischer Herkunft« mit derjenigen bei gebürtigen jungen Franzosen vergleichbar, während sie bei eingebürgerten, die »außereuropäischer Herkunft« sind, fast doppelt so hoch ist. Da es keine »ethnischen« Statistiken gibt, wird das Ausmaß der Diskriminierung unterbewertet. Wenn man die gebürtigen Französinnen und Franzosen, die ebenfalls »außereuropäischer Herkunft« sind, von den anderen gebürtigen Franzosen unterscheiden könnte und zu den eingebürgerten jungen Französinnen und Franzosen außereuropäischer Herkunft hinzurechnen würde, wären die Unterschiede in den Arbeitslosenquoten noch höher.

Arbeitslosenquote bei 20- bis 24-jährigen Erwerbstätigen im Jahre 1999 in sechs Stadtregionen nach der Nationalität zum Erhebungszeitpunkt und bei der Geburt

Nationalität	Lille	Lyon	Marseille	Nantes	Paris	Straßburg
gebürtige Franzosen	29 %	19 %	33 %	24 %	17 %	16 %
eingebürgerte Franzosen						
– »europäischer Herkunft«	26 %*	20 %	31 %*	46 %	15 %	24 %*
– »außereuropäischer Herkunft«	42 %	37 %	58 %		29 %	37 %
Ausländer	48 %	34 %	51 %	49 %*	28 %	34 %
Gesamt	**30 %**	**21 %**	**34 %**	**25 %**	**19 %**	**19 %**

* Angaben sind wegen der geringen Personenzahl nur bedingt zuverlässig.

Quellen: INSEE (auf Anfrage mitgeteilte Daten aus der Volkszählung 1999); Les Discriminations à l'embauche à raison de ›l'origine‹ dans les embauches en France. Une enquête nationale par tests de discrimination selon la méthode du BIT, Internationales Arbeitsamt, Genf 2006.

Anhang 4

Das Bildungsdefizit der sichtbaren Minderheiten

Junge Männer ohne Schulabschluss sind unter den Jugendlichen maghrebinischer und schwarzafrikanischer Herkunft überrepräsentiert. Sie machen unter den Ersteren 44 Prozent und unter den Letzteren 51 Prozent aus, gegenüber 17 Prozent bei den jungen Franzosen metropolitaner Herkunft.

Ebenfalls unter den männlichen Jugendlichen liegt der Anteil der Schulabgänger ohne Abitur bei einheimischen Jugendlichen bei 39,1 Prozent, während er bei Jugendlichen maghrebinischer Herkunft auf 68,1 Prozent und bei Jugendlichen schwarzafrikanischer Herkunft auf 65,4 Prozent ansteigt. Bei den Mädchen finden sich in etwa die entsprechenden Proportionen bei allgemein besseren Resultaten.

Bildungsstand je nach Herkunft bei Absolventen von 1998 in Prozent

	Einheimische	Maghreb	Portugal	Schwarzafrika
Männer				
ohne Abschluss/Grundschulabschluss (CEP)	0,8	2,2	1,4	5,1
Gymnasium (> 1 Jahr) ohne Abschluss	4,0	12,3	5,4	18,7
dto., berufsbildender Zweig	12,2	30,1	22,6	27,4
Berufsschulabschluss (BEP), Facharbeiterbrief (CAP)	23	23,5	30	19,2
Abitur	6,3	7,4	2,3	1,7
Abitur, berufsbildender Zweig	18,4	11,6	18,9	11,2
abgeschlossenes Grundstudium	17,7	6,7	16,8	9,2
abgeschlossenes Hauptstudium	17,6	6,3	5,7	7,7
n	**22314**	**1861**	**723**	**133**

	Einheimische	Maghreb	Portugal	Schwarzafrika
Frauen				
ohne Abschluss/Grundschulabschluss (CEP)	0,6	1,7	0,2	6,5
Gymnasium (> 1 Jahr) ohne Abschluss	2,6	5,8	5	5,3
dto., berufsbildender Zweig	8	23,1	8,3	11,3
Berufsschulabschluss (BEP), Facharbeiterbrief (CAP)	16,7	10,6	27,2	38,4
Abitur	9,2	12,7	8,6	6,7
Abitur, berufsbildender Zweig	18,3	15,2	21,5	22,3
abgeschlossenes Grundstudium	22,6	11,9	15,4	7,2
abgeschlossenes Hauptstudium	22	9,2	13,7	5,3
n	**21566**	**1649**	**567**	**118**

Quelle: Roxane Silberman/Richard Alba/Irène Fournier, »Segmented assimilation in France? Discrimination in the labour market against the second generation«, in: *Ethnic and Racial Studies,* 30, 2007, H. 1, S. 1–27.

Anhang 5

Vom »Marsch für Gleichheit und gegen Rassismus« zum Aufruf der »Eingeborenen der Republik«

Der »Marsch für Gleichheit und gegen Rassismus« war ein Zeichen für den Integrationsanspruch der Franzosen mit migrantischer Herkunft. Er fand vom 15. Oktober bis 3. Dezember 1983 in der Zeit nach dem Machtantritt der Linken (1981) und im Kontext der ersten Wahlerfolge des Front National statt. Die Tageszeitung *Le Monde* berichtete darüber in ihrer Ausgabe vom 4./5. Dezember 1983 in dem hier dokumentierten Artikel »Des Beurs à l'Élysée« von Nicolas Beau.

Der Aufruf der »Eingeborenen der Republik« wurde im Januar 2005 mit Tausenden von Unterschriften publik gemacht. Die darin formulierte Kritik an der postkolonialen Situation in den Vorstädten ist ein Zeichen für das Scheitern der politischen und gesellschaftlichen Integration der Franzosen mit migrantischer Herkunft.

Zwischen beiden Dokumenten liegen 22 Jahre.

Beurs im Élysée-Palast

Der vor 49 Tagen von einer Handvoll Jugendlicher mit Einwanderereltern gestartete Aufruf zur Brüderlichkeit sollte Gehör finden. Aufrührerisch und respektlos rüttelten diese 32 unbekannten Marschierer ein antirassistisches Frankreich wach, das nach dem 10. Mai 1981 in einen merkwürdigen Dämmerschlaf versunken ist. Ohne jede politische Erfahrung lösen sie angesichts des Aufstiegs der extremen Rechten und des betretenen Schweigens der politischen Organisationen gegenüber den Einwanderern einen politischen Aufbruch aus.

Zu zehnt gestartet in einer Vorstadt von Marseille, wo ein Kind durch einen Bombenanschlag ums Leben kam, versammeln sie sich am heutigen Samstag zu Zehntausenden auf der Place de la Bastille hinter dem Spruchband *Rengainez, on arrive, la chasse est fermée.*[1]

---

1 »Waffen nieder, wir sind da, die Jagd ist vorbei.«

Die Unsicherheit hat unmerklich die Seiten gewechselt. Während sich die Regierenden in diesem Herbst nach dem Rückgang der Vorstadtkriminalität zum Erfolg ihrer Aktion »Heißer Sommer – nicht mit uns« beglückwünschen konnten, zählten die Einwandererjugendlichen ihre Toten: Etwa vierzig von ihnen sind in den letzten zwei Jahren getötet oder schwer verletzt worden. Ob »polizeiliche Übergriffe«, Notwehr, Krawalle oder Nachbarschaftskonflikte – die Opfer waren immer kraushaarig und dunkelhäutig. Der Marsch war anfangs der spontane Protest gegen einen sich einstellenden »Gewöhnungseffekt«. »Gerechtigkeit« war es, was Bouzid, Faroud, Abed, Malika und die anderen angesichts der rassistischen Verbrechen verlangten. Die »Beurs«[2] wollen sich nicht für ihre Existenz entschuldigen müssen.

Aber die 1200 Kilometer waren sie mit einem Lächeln unterwegs, mit einem arabischen Sprichwort und dem Chanson *La main tendue* (»Die ausgestreckte Hand«) von Renaud. Der Gewalt setzten sie die Solidarität entgegen, manchmal naiv und gewiss schwärmerisch verträumt. Sie haben damit – zumindest für eine gewisse Zeit – ihr Bild in der Öffentlichkeit verändert. Diese jungen Maghrebiner, die man unter der früheren Präsidentschaft wegen kleiner Diebereien in ihr Herkunftsland abgeschoben hätte, reißen heute eine gewaltige Menge mit, die mit ihnen sympathisiert.

Am 3. Dezember haben sie ihr Ghetto verlassen. Sie sind jetzt organisiert, wovon ein nationaler Verband, mehrere lokale Rundfunkstationen und zahllose Vereine zeugen. Für »die Zeit danach« wurde eine Brücke zur französischen Gesellschaft geschlagen, denn am Ende ihres Marsches am 3. Dezember empfängt sie am späten Samstagabend der Präsident der Republik.

Nicolas Beau

---

2 Argotwort zur Selbstbezeichnung der Einwandererjugendlichen.

Der Aufruf der »Eingeborenen der Republik«

»Wir sind die Eingeborenen der Republik«

Die Menschen aus den früheren oder heutigen Kolonien oder aus der postkolonialen Migration, die bei der Arbeits- und Wohnungssuche, im Gesundheitswesen wie auch in Schule und Freizeit diskriminiert werden, sind die Hauptopfer von sozialer Ausgrenzung und Prekarisierung.

Die Bevölkerung der »Vorstädte« wird unabhängig von ihrer tatsächlichen Herkunft »indigenisiert« und an den Rand der Gesellschaft gedrängt. Die »Banlieues« gelten als »rechtsfreie Räume«, die der Staat »zurückerobern« muss. Gesichtskontrollen, Provokationen, Verfolgungen aller Art nehmen zu, während das manchmal äußerst brutale Vorgehen der Polizei von einer einäugigen Justiz kaum bestraft wird.

Um die Republik freizusprechen, beschuldigt man unsere Eltern, sie hätten versagt, während wir um ihre Opfer, Anstrengungen und Leiden wissen.

Mit der Gründung des Französischen Rats der Muslime unter Aufsicht des Innenministeriums wird die koloniale Islampolitik wieder eingeführt. Das diskriminierende, sexistische und rassistische Kopftuchgesetz ist ein Ausnahmegesetz mit dem Geruch von Kolonialismus.

Nicht minder kolonial ist die Unterbringung der Harkis und ihrer Kinder.[1] Die Bevölkerungsgruppen mit Kolonisations- und Migrationshintergrund sind auch von politischer Diskriminierung betroffen. Die wenigen gewählten Vertreter werden zumeist auf die Rolle von Vorzeige-»Schwarzen« oder Vorzeige-»Beurs« reduziert. Denen, die keine »Franzosen« sind, wird das Wahlrecht verweigert, während die »einheimischen Wurzeln« derer, die es sind, angezweifelt werden. Das Jus soli wird wieder in Frage gestellt.

---

1 Die algerischen Freiwilligen in der französischen Kolonialarmee (harkis) wurden in Frankreich in Lagern angesiedelt (A. d. Ü.).

Quelle: Internetseite der Bewegung der »Indigènes de la République«: *http://www.indigenes-republique.org/spip.php?article835*

Anhang 6

Der Rap als Sprachrohr für die Wut der Vorstädte?

Es folgt einer der vielen Rap-Texte, die die Ambivalenz des vielgehörten Rufs deutlich machen, »die Republik anzuzünden«. Er stammt aus einem im Jahre 2007 erschienenen Album mit dem bezeichnenden Titel *Écoute la rue, Marianne*.

»Indigènes«	**»Eingeborene«**
1er couplet	***Erste Strophe***
Á chaque génération, sa révolution	Jeder Generation ihre Revolution
Casseur en pôle position	Randalierer auf Startposition
La rue s'exprime pourquoi tu flippes	Die Straße spricht, kein Grund zur Panik
T'inquiètes on a nos raisons	Keine Sorge, wir wissen warum
Les flics rappliquent début des perquisitions	Bullen rücken an, Hausdurchsuchung
Les journalistes, les politiques n'ont rien compris	Journalisten, Politiker haben keine Ahnung
Mais passons!	Aber was soll's!
On n'oubliera pas Cachan	Wir denken an Cachan[1]
On n'oubliera pas Zied et Bouna	Wir denken an Zied und Bouna[2]
Donc brûlons, brûlons la République	Zündet die Republik an, zündet sie an
Jusqu'à ce qu'elle pleure	Bis ihr die Tränen kommen
Car nous pleurons vraiment	Uns kommen sie auch
Des larmes de sang	Blutige Tränen
Des larmes de plomb	Bleierne Tränen
Mon drapeau blanc en berne	Meine weiße Fahne ist halbmast geflaggt
Á chaque incarcération	Bei jeder Verhaftung
Pour chaque garde à vue	Jeder vorläufigen Festnahme

---

1 Pariser Vorort, im Sommer 2006 Schauplatz der Zwangsräumung eines von tausend schwarzafrikanischen *Sans-papiers* besetzten Gebäudes (A.d.Ü.).

2 Die beiden Einwandererkinder, die am 27. Oktober 2005 in Clichy-sous-Bois auf der Flucht vor einer Polizeikontrolle starben und die nachfolgenden Unruhen auslösten (A.d.Ü.).

Y'a une bavure potentielle

Polizeiliche Irrtümer nicht ausgeschlossen

Demande à Malik Oussekine
Si nos droits sont bien réels
J'ai pesé le pour et le contre
Plus de mille fois dans ma tête
Et j'me rends compte ce qu'il racontent
C'est vraiment d'la merde
J'suis immigré, indigène, couleur ébène
Va dire à Marianne que le crime est passionnel
Á chaque voiture brûlée
Un appel à l'aide
Comportement de Kamikases
Á l'instar de mon frelot Kurt Cobain

Frag Malik Oussekine[3]
Was unsere Rechte wert sind
Ich habe tausendmal überlegt
Was dafür und dagegen spricht
Und habe mir klargemacht

Dass sie nur Scheiße erzählen
Ich bin Einwanderer, Eingeborener, dunkle Haut
Sag Marianne, dass wir Verbrecher aus Leidenschaft sind
Jedes brennende Auto
Ein Hilferuf
Eine Kamikaze-Aktion
Wie von meinem Bruder Kurt Cobain

Refrain
J'suis immigré, indigène, couleur ébène
Thug life for life
Comme Tupac sur l'abdomen
J'suis immigré, indigène, couleur ébène
La banlieue j'ai dans la peau
Le béton mon oxygène

Refrain
Ich bin Einwanderer, Eingeborener, dunkle Haut
Thug life for life
Wie Tupac in den Bauch[4]
Ich bin Einwanderer, Eingeborener, dunkle Haut
Die Banlieue steckt mir im Blut
Beton ist mein Sauerstoff

2e couplet
Si il y avait de l'oseille chez nous
On s'rait resté chez nous
On s'rait pas chez vous
En train de faire ou d'vendre des trucs chelous
Putain!

Zweite Strophe
Wenn wir zu Hause Kohle hätten
Wären wir zu Hause geblieben
Wären wir jetzt nicht bei euch
Um krumme Sachen oder Geschäfte zu machen
Verflucht!

---

3 Wurde 1986 bei der Niederschlagung von Studentenprotesten als unbeteiligter Passant zu Tode geprügelt (A. d. Ü.).

4 Das bezieht sich auf das Kultalbum »Thug Life« von Tupac Shakur, der schwarzen Legende des »Gangsta Rap«, und auf dessen Ermordung durch einen Bauchschuss (A. d. Ü.).

Marianne écoute la rue	Hör die Straße, Marianne!
Chacune des cigarettes que j'fume	Bei jeder Zigarette, die ich rauche
Me rapproche de la mort	Winkt mir der Tod
Chaque loyer impayé me rapproche de la porte	Bei jeder nichtbezahlten Miete der Rausschmiss
Tous les jours qui passent sont perdus définitivement	Jeder Tag ist ein verlorener Tag
Si t'aimes trop dormir	Wenn du zu lange schläfst
Qu'on t'enterre vivant	Lass dich begraben
Chaque contrôle de flics	Bei jeder Polizeikontrolle
Augmente ma haine	Wächst mein Hass
Anti-flic	Auf die Bullen
Marianne ne dis pas q'tu nous as pas sentis venir	Sag nicht, du hast uns nicht kommen sehen, Marianne
Les larmes sont présentes	Die Tränen sind da
En plusieurs centilitres	Ganze Zentiliter
On agit sans explications scientifiques	Wissenschaftliche Erklärungen kann man sich schenken
Chaque fois qu'les flics	Bei jeder Schlagstockaktion
Abusent c'est sans surprise	Kann man sich denken
Que nos plaintes sont souvent classées	Was mit unseren Anzeigen passiert
Sans suite	Verfahren eingestellt
Les derniers peuvent crever	Die Letzten beißen die Hunde
Voilà le sens du film	Das ist der Sinn des Films
Comme on est des hommes	Weil man ein Mensch ist
On préfère se pendre que fuir	Hängt man sich lieber auf als zu fliehen
Chaque fois qu'je pleure	Jedes Mal, wenn ich weine
Chaque fois qu'tu me regardes	Jedes Mal, wenn du mich anguckst
Comme un nègre	Wie einen Neger
Je te vois comme un frère	Sehe ich in dir einen Bruder
Chaque fois que tu m'enfermes	Jedes Mal, wenn du mich einsperrst
C'est un peu de moi	Ist das ein Stück von mir
Un peu d'humanité	Ein Stück Menschlichkeit
Que tu enterres	Das du begräbst
[...]	[...]

von Eloquence & Apôtre H
Aus: Écoute la rue, Marianne © 2007 Zénith Records

Anhang 7

Die Konzentration benachteiligter Bevölkerungskategorien in den städtischen Problemgebieten

In den *Zones Urbaines Sensibles* (ZUS) machen die nicht-arbeitslosen Erwerbstätigen insgesamt nur die Hälfte der Bevölkerung aus. Die Arbeitslosenquote ist doppelt so hoch wie in der französischen Gesamtbevölkerung (ohne Übersee). Bei den Jugendlichen im Alter von 15 bis 24 Jahren verhält es sich ähnlich. Bei den männlichen Jugendlichen dieser Altersgruppe ist die Arbeitslosenquote sogar noch etwas höher; sie liegt hier bei 44,9 Prozent. Die INSEE-Arbeitsmarkterhebung für 2005 zeigt auch, dass der Anteil der 15- bis 24-jährigen Nichterwerbstätigen, die weder zur Schule gehen noch in einem Ausbildungsverhältnis stehen, in den Problemgebieten bei 9 Prozent gegenüber 4,5 Prozent in den übrigen Stadtgebieten liegt.

Verteilung des Erwerbsstatus nach Wohnlage

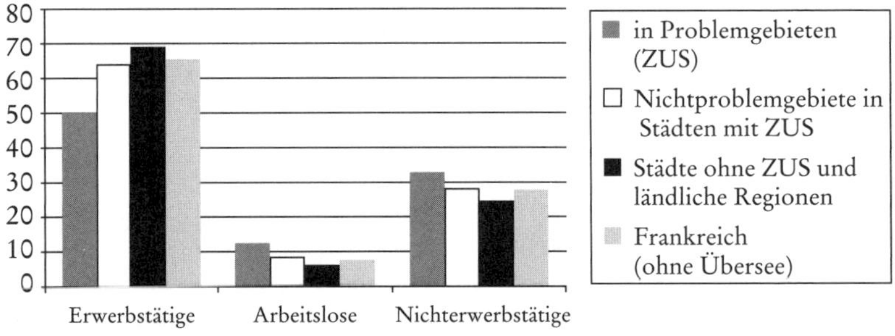

Lesehinweis: Im Jahre 2005 waren von den 15- bis 59-jährigen Bewohnern städtischer Problemgebiete 14 Prozent arbeitslos (aufs Jahr bezogene Situation in Frankreich ohne Übersee).
Erhebungsbereich: Bevölkerung im Alter von 15 bis 59 Jahre.
Quelle: Délégation interministérielle à la Ville, Observatoire national des Zones urbaines sensibles, Rapport 2006.

Arbeitslosenquote (im Sinne des ILO) von 2005 nach Geschlecht, Alter und Wohnlage (in Prozent)

	Männer			Frauen			Gesamt		
	in Problemgebieten (ZUS)	Nicht-Problemgebiete in Städten mit ZUS	Städte ohne ZUS und ländliche Regionen	in Problemgebieten (ZUS)	Nicht-Problemgebiete in Städten mit ZUS	Städte ohne ZUS und ländliche Regionen	in Problemgebieten (ZUS)	Nicht-Problemgebiete in Städten mit ZUS	Städte ohne ZUS und ländliche Regionen
15–24 Jahre	44,9	22,2	16,5	38,0	23,3	23,2	41,7	22,7	19,2
25–49 Jahre	19,7	8,8	5,7	21,2	10,8	8,5	20,4	9,7	7,0
50–59 Jahre	14,8	7,3	5,3	13,3	7,4	6,5	14,1	7,4	5,8
Gesamt	22,1	9,8	6,6	22,0	11,2	9,3	22,1	10,5	7,8

Lesehinweis: In den städtischen Problemgebieten (ZUS) lag die Arbeitslosenquote bei 15- bis 24-jährigen männlichen Erwerbspersonen im Jahre 2005 bei 44,9 Prozent.
Quellen: INSEE, Enquête »Emploi« 2005; Délégation interministérielle à la Ville, Observatoire national des Zones urbaines sensibles, Rapport 2006.

Anhang 8

Arbeitslosenquote nach Bildungsstand und Wohnlage

Männliche Einwohner sind unabhängig von ihrem Bildungsstand in Problemgebieten (ZUS) durchweg häufiger als in anderen Stadtteilen von Arbeitslosigkeit betroffen. Die Arbeitslosigkeit ist bei ihnen zwei- bis dreimal so hoch, außer bei den Hochschulabsolventen. Bei Frauen sind die Arbeitslosenquoten in diesen Stadtteilen noch höher.

Arbeitslosenquoten nach Bildungsstand von 2003 und 2004 (in Prozent)

	in Problemgebieten (ZUS)		Nicht-Problemgebiete in Städten mit ZUS		Städte ohne ZUS und ländliche Kommunen	
	2003	2004	2003	2004	2003	2004
Männer						
Hauptstudienabschluss	14,9	15,3	7,1	7,4	6,2	5,7
Grundstudienabschluss	12,8	8,9	5,9	7,1	4,6	4,8
Abitur, Meisterbrief (BP) u. Ä.	16,2	16,9	10,1	9,2	5,1	6,0
Facharbeiterbrief/Berufsschulabschluss (CAP/BEP) u. Ä.	15,0	13,6	8,4	7,6	4,9	5,7
Mittlere Reife (BEPC)	20,7	18,8	11,6	12,6	8,5	8,4
ohne Abschluss oder Grundschulabschluss (CEP)	23,3	26,6	16,7	16,5	9,4	10,2
Gesamt	18,7	19,3	10,0	9,9	6,3	6,9

	in Problemgebieten (ZUS)		Nicht-Problemgebiete in Städten mit ZUS		Städte ohne ZUS und ländliche Kommunen	
	2003	2004	2003	2004	2003	2004
Frauen						
Hauptstudienabschluss	7,4	8,9	8,2	6,6	6,9	7,8
Grundstudienabschluss	9,2	10,7	6,6	6,3	5,7	5,1
Abitur, Meisterbrief (BP) u. Ä.	18,4	18,4	9,4	11,0	8,5	10,0
Facharbeiterbrief/Berufsschulabschluss (CAP/BEP) u. Ä.	19,6	21,9	11,8	11,8	10,6	10,5
Mittlere Reife (BEPC)	22,9	30,7	12,0	11,2	9,0	10,8
ohne Abschluss oder Grundschulabschluss (CEP)	28,3	29,8	16,3	15,6	14,7	14,0
Gesamt	20,8	22,4	10,8	10,7	10,1	10,2

Lesehinweis: 14,5 Prozent der in Problemgebieten (ZUS) lebenden erwerbstätigen Männer mit höherem Universitätsabschluss waren im Jahre 2003 arbeitslos gegenüber 15,3 Prozent im Jahre 2004.
Erhebungsbereich: Bevölkerung im Alter von 15 bis unter 60 Jahren.
Quellen: INSEE, Enquête »Emploi« 2003 und 2004; Délégation interministérielle à la Ville, Observatoire national des Zones urbaines sensibles, Rapport 2006.

Anhang 9

Bildungsrückstand bei männlichen Vorstadtjugendlichen

In den französischen Collèges, die der Sekundarstufe I entsprechen, ist der Anteil der Wiederholer sowohl in der Anfangsklasse (*6ème*) wie auch in der Abschlussklasse (*3ème*) bei den Jungen durchweg höher als bei den Mädchen. Dieser geschlechterspezifisch auftretende ein- oder mehrjährige Rückstand verbindet sich mit dem Wiederholeranteil, der im Zusammenhang mit der Wohnlage auftritt, so dass er in den Problemgebieten fast die Hälfte aller männlichen Schüler der *3ème* (14–15 Jahre) betreffen kann.

Wiederholeranteil Jungen/Mädchen in Prozent

		Schüler der *6ème* (11–12 Jahre) mit ein- oder mehrjährigem Rückstand	Schüler der *3ème* (14–15 Jahre) mit ein- oder mehrjährigem Rückstand
Collèges in Problemgebieten (ZUS)	Jungen	40,9	47,9
	Mädchen	32,4	39,8
	Differenz	8,5	8,1
Collèges außerhalb von Problemgebieten (ZUS)	Jungen	28,7	37,1
	Mädchen	21,5	29,9
	Differenz	7,3	7,2

Erhebungsbereich: Staatliche Collèges in Frankreich mit Überseedépartements.
Quellen: Ministère de l'Éducation nationale, Direction d'Evaluation et de la Prospective (DEP); Délégation interministérielle à la Ville, Observatoire national des Zones urbaines sensibles, Rapport 2006.

Serge Paugam
Die elementaren Formen der Armut
Aus dem Französischen
von Andreas Pfeuffer
336 Seiten. Gebunden
ISBN 978-3-936096-90-3

»Mit diesem Buch und seiner bewundernswerten Fülle an Informationen, Beobachtungen und Reflektionen hat Paugam einen analytischen Rahmen geschaffen, mit dem sich, wie er hofft, ›Armut in modernen Gesellschaften überhaupt denken lässt‹.«
Rolf Wiggershausen,
Frankfurter Rundschau

Heinz Bude / Andreas Willisch (Hg.)
Das Problem der Exklusion. Ausgegrenzte, Entbehrliche, Überflüssige
394 Seiten. Gebunden
ISBN 978-3-936096-69-9

»Es sind diese hintergründigen Fragen und die dazu differenziert aufgefächerten Antworten, die den Sammelband auszeichnen. Gerade weil das Buch nicht nur strukturelle Veränderungen auf dem Arbeitsmarkt und im Sozialstaat beschreibt, sondern diese Prozesse auch mit psychosozialen Aspekten und dem Alltags- wie Statusbewusstsein der Deutschen verknüpft, gerade deshalb hat das Buch das Zeug zu einer grundlegenden Studie des gesellschaftlichen Wandels, der sich nun seit mindestens 15 Jahren abzeichnet.«
Angela Gutzeit,
Frankfurter Rundschau

Hamburger Edition HIS Verlagsges.mbH, Mittelweg 36, D 20148 Hamburg, www.Hamburger-Edition.de